Buch

Jedes Jahr gibt es mindestens »ein neues Ding aus England«. Doch so gut wie keine Band schafft es, dem Hype und den Erwartungen, die man in sie steckt, auch nur halbwegs gerecht zu werden. Oasis fügen sich nahtlos in diese Tradition ein – als Ausnahme von der Regel: Dies ist die unglaubliche Geschichte von Noel und Liam Gallagher und den anderen Lads, die es binnen nur zwei Jahren von Nobodys zur größten britischen Pop-Sensation seit den Beatles gebracht haben. Ihr Name steht für Erfolg und Exzess, für Genialität und Größenwahn, für gebrochene Mädchenherzen, verwüstete Hotelzimmer – und die Wiedergeburt des Drei-Minuten-Pop-Songs. »Seit meinem ersten Interview sage ich, wir sind die Größten, und die anderen sind scheiße«, sagt Liam, »und ich sage es immer noch.«

Autor

Christian Seidl, geboren in Bamberg, ist Redakteur des Magazins *jetzt* und schreibt seit 1989 für die *Süddeutsche Zeitung*, wo er seither vor allem die britische Pop-Szene mit bitterer Leidenschaft verfolgt. Er lebt in München.

CHRISTIAN SEIDL

What's
the story?

GOLDMANN VERLAG

Originalausgabe

Bildnachweise: Farbtafel 1: Retna Pictures/Steve Double;
Farbt. 2: oben Fotex/Blakesberg, unten: action press;
Farbt. 3 o.: action press, u.: Paul Slattery; Farbtafeln 4/5: Paul Slattery;
Farbt. 6 o.: Retna Pictures/Bill Davila, u.: action press;
Farbt. 7. o.: all action, u.: Hayley Madden/S.I.N.;
Farbt. 8: Roy Tee/S.I.N.
s/w-Photonachweise: s. Bildunterschriften

Der Goldmann Verlag
ist ein Unternehmen der Verlagsgruppe Bertelsmann

Originalausgabe September 1996
Copyright © 1996 by Wilhelm Goldmann Verlag, München
Umschlaggestaltung: Design Team München
Umschlagmotiv: Paul Slattery
Satz: All-Star-Type Hilse, München
Druck: Presse-Druck Augsburg
Verlagsnummer: 43630
Lektorat: Thomas Tebbe
Herstellung: Sebastian Strohmeier
Made in Germany
ISBN 3-442-43630-3

1 3 5 7 9 10 8 6 4 2

Danksagung

Der Autor bedankt sich für Rat
und Unterstützung bei Birgit Ackermann
und Ute Noll (Bildbeschaffung) sowie bei
Heiko Hoffmann, Tobias Kniebe
und Paul Slattery.
Für Inspiration bei Johanna
und Rebecca.

Inhalt

1. Worauf die Welt gewartet hat 9
2. Manchester 11
3. Von Burnage zu Britpop 15
4. Under the Boardwalk.. 20
5. Definitely Durchbruch.. 28
6. Supernova... 55
7. Oasismania 79
Diskographie 91

1.

Worauf die Welt gewartet hat

Es gab eine Menge zu berichten aus England in den letzten Jahren. Und selten war etwas Erfreuliches dabei: die Monarchie, der Fußball – alles, was der Kontinentaleuropäer mit England verbindet, schien unterzugehen.

Deprimierender jedoch als alles andere waren die Meldungen aus der englischen Popszene. Und dies nicht etwa, weil sie so traurig waren – im Gegenteil: Alle halblang stand eine Band mindestens vor dem Sprung über den Atlantik, wenn nicht gleich unmittelbar vor der Welteroberung. Nein, das wirklich Schlimme daran war, daß es niemanden kümmerte: Musik aus London und Liverpool, Sheffield und Manchester interessierte jenseits der englischen Küste keinen Menschen mehr. Jede von den insularen Rock-Rhapsoden noch so lauthals ausgerufene britische Invasion blieb spätestens im Ärmelkanaltunnel stecken. Eine halbe Dekade lang.

So lange jedenfalls war es her, seitdem die Stone Roses – es war um das Frühjahr 1990 herum – vom Erdboden verschwanden, die letzte bedeutende Band, die das Vereinte Königreich hervorgebracht hatte – und deren Sturm ebenso heftig wie kurz war. Jedenfalls besteht die Hinterlassenschaft der Stone Roses zu diesem

Zeitpunkt aus nur einer, wenngleich sensationellen LP und einem Trümmerhaufen. Die Nation, die dreißig Jahre lang für das Gute stand in der Rockmusik, für Witz und Wahnsinn, Camp und Coolness, gebrochene Herzen und gebrochene Identitäten – die Heimat der Beatles und der Rolling Stones also, der Small Faces und Smiths war mit ihrem Englisch am Ende. Und die Amerikaner übernahmen die Macht, obgleich sie nichts Besseres zu tun hatten, als die längst überkommenen Mythen von »Echtheit«, »Ehrlichkeit« und »Schweiß« wieder auszugraben und unter dem Label *Alternative* wieder aufzukochen. Gegenwehr gab's schließlich nicht zu fürchten: Weder der Hochgeschwindigkeits-Trash von Carter The Unstoppable Sex Machine noch der Schmock von Suede schallte länger als einen Sommer lang – geschweige denn südlicher als bis Devonshire.

Was es brauchte, worauf die Welt wartete, war eine Band, die sich wieder auf das Gute aus dreißig Jahren besann, ohne dabei in Nostalgie zu verfallen; eine Band, die Rebellengeist und Outsidertum verkörperte, ohne Humor und jugendlichen Überschwang aufzugeben oder gar falsch angezogen zu sein; eine Band, die die infolge von Punk in tausendundein Ghetto auseinandergedriftete Teenagerwelt wieder einte – und den Pop vom Genre wieder zum Zustand erhob: Was es brauchte, waren die neuen Stone Roses. Was es brauchte, war Oasis.

2.

Manchester

Rave-O-Lution

Nirgends spürte man die Krise der britischen Popmusik deutlicher als in Manchester, der Heimat der Stone Roses. Denn die graue und verregnete Arbeiterstadt im Nordwesten Englands, jene, wie es der Smiths-Biograph Mick Middles umschrieb, »steingewordene architektonische Tragödie«, erlebte dank dieser Band und dem durch ihren Erfolg entfesselten Taumel eine ungeahnte Karriere. So wie in den frühen Neunzigern Nirvana die Stadt Seattle zu einem Wallfahrtsort und Grunge zum Markenzeichen machten, hieß in den späten Achtzigern der Nabel der Popwelt Manchester und das Zauberwort Rave.

Wem dieser Begriff eingefallen ist (*rave* heißt auf deutsch soviel wie Tumult, Raserei), läßt sich leider nicht mehr klären – der Sound von »Madchester«, eine rätselhafte Mischung aus flirrenden Gitarren, ultraschnellen Beats, mollenen Keyboards und abgespacetem Gesang, führte ihn auf alle Fälle seiner, in der Popsprache noch immer gültigen Bedeutung zu: Von Riesenpartys auf Kuhweiden ging die Rede seinerzeit und von Kids, die voll mit Extacy und in übergroßen T-Shirts die Nächte durchtanzten. Und jeder, der was auf sich hielt, pilgerte hin, um »das größte Ding seit Punk«, wie man selbst im fernen Deutschland jubelte, live zu bestaunen.

Sicher gab es in Manchester schon immer feine Pop-musik: in den Sechzigern die Hollies, in der Punk-Ära die Buzzcocks, später New Order und natürlich die Smiths. Die Hysterie um die Stone Roses und ihre Epi-gonen, die Happy Mondays, Charlatans, Mock Turtles, um nur drei zu nennen, nahm jedoch zeitweise geradezu olympische Dimensionen an (bei der damals laufenden Bewerbung um die Spiele für das Jahr 2000 unterlag Manchester dem australischen Sydney nur um Haares-breite).

Roaring Gallaghers

Irgendwo inmitten dieses Wahnsinns ravten auch Noel und Liam Gallagher, ein Geschwisterpaar aus Burnage, einem südlichen Vorort von Manchester, der zwar ein wenig beschaulicher war als Manchester selber, dafür aber um so langweiliger. Beide hatten bis dahin eher wenig mit Musik im Sinn. Liam empfand Musikmachen als unmännlich und verachtete Jungs, die lieber Gitarre als Fußball spielten, als Freaks. Noel immerhin besaß zwei, drei Punk-Platten, hing ab und zu in der Ha-cienda ab, Manchesters hippstem Club, und hatte sich aus Langeweile ein paar Gitarrengriffe beigebracht, nachdem er mit dreizehn nach einem Ladendiebstahl von seiner Mutter zu einem halben Jahr Hausarrest verdonnert worden war.

Die Rave-O-Lution zog die Brüder jedoch für immer in den Bann der Popmusik – spätestens nach einem Auftritt der Stone Roses im Frühjahr 1990 war für die Gallaghers nichts mehr so wie vorher. Der damals 23jährige Noel war so überwältigt von den Riffs des

Roses-Gitarristen John Squire, daß er fortan nur noch ein Ziel vor Augen hatte: irgendwann mal genausogut zu werden. Und in seinem 17jährigen Bruder Liam löste der Gig, so erzählte er der Zeitschrift *The Face* später, »ein ganz eigenartiges Gefühl aus, tief in meinem Innern, etwas, das mich seitdem nie mehr losgelassen hat. Als die Stone Roses verschwanden, war es, als ging ein Teil von mir.«

Don't Look Back In Anger

Noel (geboren am 29. Mai 1967) und Liam (geboren am 22. September 1972) verbrachten ihre Kindheit und Jugend wie die meisten englischen Working-Class-Kids: Man wohnte in einem jener uniformen zweistöckigen, aneinandergereihten Häuschen mit kleinem Vorgarten, lernte in der Schule »rein gar nichts«, hatte aber »Top-Zeiten« auf dem Bolzplatz – und mit den Mädchen aus der Nachbarschaft. Die streng katholischen Eltern waren kurz nach ihrer Heirat aus Irland herübergekommen und ließen sich scheiden, als die drei Söhne – Noel und Liam haben noch einen älteren Bruder namens Paul, der heute die eher mäßig erfolgreiche Band Performance managt – gerade den kurzen Hosen entwachsen waren.

Von Vater Thommy Gallagher, einem Bauarbeiter und nebenberuflichen Country & Western-DJ, reden die beiden heute nur ungern; er scheint jedoch nicht gerade ein liebevoller Ehemann und Familienvater gewesen zu sein. Liam meinte einmal: »Wenn ich ihm auf der Straße begegne, drehe ich mich um und gehe, ohne ein Wort zu sagen.« Und als der Mann kürzlich auf einem

13

Oasis-Konzert in Manchester aufkreuzte und die Jungs backstage besuchen wollte, ließ Noel ihn von Security-Leuten abführen. Ihrer Mutter Peggy hingegen – bei der Noel und Liam noch immer wohnen, wenn sie in Manchester sind, auch wenn das kleine Haus in Burnage mittlerweile Tag und Nacht von zwei Dutzend Girls umlagert ist – stehen die Gallagher-Brüder immer noch »sehr nahe, doppelt nahe«. Der Hit »Don't Look Back In Anger« ist eine Hommage an sie. Die Refrainzeile »Stand up besides the fireplace/Take that look off from your face« war Peggy Gallaghers Standardanweisung beim jährlichen Weihnachtsfamilienphoto.

3.

Von Burnage zu Britpop

Carpet Ride

An Hits war natürlich nicht zu denken damals, zumindest nicht an eigene. Als die Gallagher-Brüder im »Raving Madchester« die Kraft und die Magie des Pop entdeckten, arbeitete Noel bei British Gas. Liam verdingte sich als Hilfsarbeiter in einer Zaunfabrik. Und wenn irgendwas darauf hindeutete, daß es einer der beiden mal halbwegs zu etwas bringen würde, dann allenfalls Liams Geschick beim Zocken. Doch immerhin entdeckte Noel bei besagtem Stone-Roses-Gig nicht nur seine Leidenschaft für das Gitarrenspiel, sondern auch einen Typen, der das Konzert illegal mitschnitt. Die beiden kamen ins Gespräch, und es stellte sich heraus, daß der Junge Clint Boon hieß und Keyboard spielte bei den Inspiral Carpets, einer Band, die es dank der Manchester-Welle bereits zu europaweiter Halbbekanntheit gebracht hatte. Noel freundete sich mit Clint an, war bald auch bei Proben und Soundchecks dabei und sprang irgendwann ein, als der Band ein Techniker ausfiel. Er machte seine Sache gut und durfte fortan als Roadie der Inspiral Carpets mit um die Welt reisen.

Our Kid

Es war im Sommer 1991, als Noel von einer US-Tour mit den Inspirals nach Hause kam – um von Ma Peggy zu erfahren, daß »our kid« bei einer Band eingestiegen sei. Noel spricht übrigens ausschließlich von »our kid«, wenn von Liam die Rede ist, was dieser erstaunlicherweise gelassen nimmt; nachdem es seit einiger Zeit auch die britische Pop-Presse als Standard-Synonym verwendet, avancierte es auf der Insel inzwischen sogar zum beliebten Fan-Schlachtruf.

Liam also hatte sich einer Band angeschlossen, die ein paar Kumpels aus der Umgebung schon vor einer ganzen Weile gegründet hatten und für die sie irgendwann einen neuen Sänger suchten. Die Jungs hießen Paul Arthurs (Gitarre), der ob seiner lichten Stirn schon damals allseits nur »Bonehead« gerufen wurde, Paul »Guigsy« Mc-Guigan (Bass) und Tony McCarrol (Schlagzeug), nannten sich Rain und waren Ohrenzeugenberichten zufolge zum Davonlaufen schlecht. Woran sich anscheinend auch mit Liam nicht viel änderte, denn der ließ sich zwar einen neuen Namen für die Band einfallen, zündende Song-Ideen von ihm sind jedoch nicht überliefert.

Als jedenfalls Noel die nun als Oasis firmierende Truppe erstmals besichtigte, wurde er nach eigenen Angaben Zeuge »des schlechtesten Gigs, den ich jemals in meinem Leben gesehen hatte«. Die Jungs widersprachen ihm auch gar nicht weiter, als er ihnen das so oder so ähnlich klarmachte. Statt dessen fragten sie ihn, ob er sie nicht managen wolle, aber Noel wollte etwas ganz anderes. Sie hätten, so meinte er, nur eine Chance: Entweder sie ließen ihn als Gitarrist einsteigen und die

Songs schreiben, oder sie würden den Rest ihres Lebens als arme Schweine in Manchester fristen. Zum Beweis spielte ihnen Noel gleich noch einen Song vor, den er bereits während seiner Zeit bei British Gas geschrieben hatte: eine zwar noch sehr fragmentarische Version des späteren Hits »Live Forever«, die die Jungs jedoch voll überzeugte. Sie akzeptierten sogar widerspruchslos all seine Bedingungen: »Wenn ich in die Band einsteige, und das meine ich wörtlich, gehört ihr sieben Tage die Woche mir, und sieben Nächte die Woche wird geprobt – aber dafür werden wir groß rauskommen.« Schließlich hatte keiner von ihnen irgendwas zu verlieren, außer vielleicht die Arbeitslosenunterstützung.

The Masterplan

Es wird wohl immer ein Geheimnis bleiben, wann und wie Liam auf den Namen Oasis kam. Fast jedem, der ihn danach fragt, erzählt er eine andere Geschichte: Mal dient ein gleichnamiger Fish'n'Chips-Shop in Manchester als Namensstifter, mal hat ihn der Werbeschriftzug auf einem Taxi in Burnage inspiriert; dann wieder beteuert er, das Ganze gehöre eigentlich rückwärts gelesen. Gelegentlich beansprucht auch Noel die Urheberschaft, aber wohl eher, um Liam zu ärgern, denn im Dienste der Wahrheitsfindung. Radio One etwa machte er weis, »daß ich während meiner Zeit bei den Inspiral Carpets irgendwann mal in einem Schwimmbad in Swindon war, das ›The Swindon Oasis‹ hieß, und das schien mir der perfekte Name für eine Gruppe – denn jeder würde denken, es handle sich um eine Scheiß-Reggae-Band«.

Ein Fünkchen Wahrheit steckt dennoch in dieser Geschichte: Denn erstens gibt es in Swindon tatsächlich eine Schwimmbad, das so heißt. Und zweitens reifte der Gedanke, irgendwann selbst eine Band aufzuziehen, schon seit längerem in Noel, wenngleich die Vorstellung, daß »our Kid« der Leadsänger sein würde, so ziemlich das letzte war, was ihm dabei in den Sinn kam. Doch irgendwie hörte er an jenem Abend, es war der 18. August 1991, den Ruf des Schicksals, auf den er all die Jahre über gewartet hatte, die Jahre als Mädchen für alles bei den Inspiral Carpets, als »das Schlimmste die ständige Gewißheit war, daß ich besser war als sie. Um Meilen besser.«

Und deshalb nutzte Noel jede freie Minute, um an eigenen Song- und Sound-Ideen zu basteln. Ab und zu jammte er auch nach Dienstschluß mit dem Techniker der Band Mark Coyle (der später das erste Oasis-Album produzieren sollte). Und selbst auf den After-Show-Parties war der junge Gitarrenfreak ein eher selten gesehener Gast. Craig Johnson, der damalige Merchandising-Mann der Inspiral Carpets, erinnert sich jedenfalls, daß Noel »ein stiller und eigenbrödlerischer Typ war. Meistens stand er irgendwo in der Ecke und sagte kein Wort, es schien sein ganzes Glück zu sein, mit den Gitarren spielen und an den Verstärkerknöpfen rumdrehen zu dürfen. Und wenn wir nach dem Gig feierten, kam irgendwann regelmäßig die Frage: ›Wo ist eigentlich Noel?‹«

Noel war bei seiner Band. Eine Band, die damals noch nicht existierte, von der er aber dennoch wußte, daß sie einmal die Welt erobern würde, »schon ziemlich früh wußte ich das.« Und als er diese Jungs sah, die zwar 1A-Frisuren und Turnschuhe hatten, aber leider so gar keinen Plan, da wußte er auch, daß es diese Band sein würde oder keine. In einem Interview mit dem *Melody Maker* sagte Noel einmal: »Es ist nicht so wichtig, ob sich dein Traum erfüllt, solange du es versuchst. Schlimm ist es nur, wenn du einen Traum hast und nichts unternimmst, damit er sich erfüllt. Ich treffe eine Menge Leute, die behaupten, sie könnten genauso gute Songs schreiben wie ich. Dann frage ich: ›Spielst du in einer Band?‹ Und die Antwort lautet: ›Nein.‹ Ich frage: ›Nimmst du sie wenigstens auf?‹ Dann heißt es: ›Nein, ich spiele sie nur so für mich, in meinem Schlafzimmer.‹ Solche Menschen sind die bedauenswertesten Geschöpfe überhaupt. Ich kann ja auch nicht behaupten, ich sei der größte Maler aller Zeiten. Und wenn mich einer fragt, ob er ein paar meiner Bilder sehen könne, sage ich: ›Oh, ich habe leider noch nie eins gemalt.‹«

4.

Under The Boardwalk

Hit The North

Bereits am Morgen nach jener denkwürdigen Augustnacht, der eigentlichen Geburtsstunde von Oasis, kündigte Noel seinen Job bei den Inspiral Carpets, kaufte von seinem Ersparten Equipment für die neue Band, handelte mit den Betreibern des Boardwalk-Clubs in Manchester aus, daß man einen ihrer Kellerräume als regelmäßigen Proberaum nutzen dürfe, und das Projekt Welteroberung konnte beginnen. Wobei er ziemlich schnell merkte, daß dies auf keinen Fall mit Liam als Texter zu verwirklichen sein würde. »Als wir anfingen«, erzählte Noel *The Face,* »bat ich Liam, er solle sich um die Lyrics kümmern. Ich wollte die Songs schreiben, und er sollte der Texter sein. Aber was er ablieferte, war pathetischer Käse, so richtig peinlicher Jungskram.« Wer den einzigen überlieferten Vers aus Liams Feder kennt, die Anfangszeilen eines Songs mit dem Arbeitstitel »Alice«, wird nicht viel Falsches finden an dieser Behauptung: »She always comes up smiling and playing with her hair/She sometimes needs reminding about the clothes she doesn't wear.« Noel jedenfalls war klar: »Das lassen wir besser bleiben.«

So übernahm er also neben dem Songschreiben und der Sorge um den Sound auch noch das Verseschmieden.

Und fühlte sich dabei immerhin schon im Oktober soweit, daß sich Oasis zum erstenmal aus dem Keller in den Clubraum des Boardwalk wagten. Ungefähr zwei Dutzend Versprengte sehen die Premiere von Oasis in ihrer heutigen Formation (von Drummer Tony McCaroll, dem Pete Best der Neunziger, mal abgesehen. Doch dazu später). Highlights des Abends sind eine Frühfassung von »Columbia« und die Cover-Version eines House-Tracks, an dessen Herkunft und Titel sich aber keiner der Beteiligten respektive Anwesenden mehr erinnern kann. Vielleicht auch deshalb, weil die meisten eher im Zorn auf diesen Gig zurückblicken – über 40 Pfund Eintritt, die allerdings schon einen frühen Hinweis auf das Selbstverständnis dieser fünf Burschen geben.

Viel Grund zur Überheblichkeit hatten sie zu diesem Zeitpunkt freilich noch nicht: Zwar umwehte das Songmaterial bereits ein Hauch von Genialität, der Sound jedoch war noch miserabel, und wenn Liam erzählt, er habe seinerzeit geklungen »wie der Freak von den Charlatans«, dann könnte ihn Tim Burgess vermutlich ohne weiteres wegen Beleidigung verklagen.

Auch die Reaktionen auf ihr erstes Demo-Tape waren alles andere als euphorisch – sofern es überhaupt welche gab: Das örtliche Stadtmagazin *City Life* stellt Noel und Co. das Zeugnis »interessant, aber nicht gerade spannend« aus, und das Label Factory Records, bei dem schon die Buzzcocks und Joy Division groß wurden, schickte eine Absage mit dem Vermerk »lumpig«. Den Rest der gut zwei Dutzend angeschriebenen DJs, Journalisten und A&R-Leute ließ das Band komplett kalt.

Nach ein paar weiteren Gigs erhielten Oasis immerhin die Einladung, im Sommer 1992 auf dem Festival

»In The City« zu spielen, das alljährlich Talentscouts und Reporter aus ganz England nach Manchester lockt und schon mancher Karriere auf die Beine geholfen hat. Doch leider vermasselten sie sich diese Chance. Bereits am Vorabend des Gigs brüskierte Liam den mitveranstaltenden Hacienda-Boß und New-Order-Bassisten Peter Hook, als er sich in dessen Radioshow »Hit The North« zu der Bemerkung hinreißen ließ, Typen in schwarzen Lederjeans beantworte er normalerweise keine Fragen. Auf dem Festival gerieten dann Noel und Liam einander so in die Haare, daß sie auf offener Bühne eine Prügelei anfingen und von Ordnern getrennt werden mußten. So endete »In The City« statt mit einem Plattenvertrag mit zwei Veilchen und lebenslangem Hausverbot in der Hacienda. Noel beharrt heute auf der Feststellung, dies sei der Tag gewesen, »an dem die Industrie uns verschlief«.

Shoplifters Unite

Zu Noels Glück wurde die Sache mit dem Hausverbot nicht ganz so genau genommen. Schon ein paar Wochen später traf er in der Hacienda einen alten Kumpel namens Ian, der irgendwann am selben Abend und eher beiläufig bemerkte, daß sich sein Bruder ein paar Credits auf dem neuen Album von The The verdient habe. Natürlich wollte Noel sofort wissen, wie zum Teufel der zu einer solchen Ehre gekommen sei – und stellte zu seiner Verblüffung fest, daß Ians Bruder kein Geringerer war als Johnny Marr, musikalischer Kopf der Smiths. Und wie der Zufall es wollte, hatte Noel auch noch eins seiner Demotapes in der Tasche.

Schon am nächsten Morgen klingelte im Hause Gallagher das Telephon. Am Apparat: Johnny Marr. Marr war begeistert von der Kassette, besonders von Noels Gitarrenparts, und es entwickelte sich eine angeregte Fachsimpelei, in deren Verlauf Noel unter anderem einen Gitarren-Shop in Doncaster erwähnte, den Marr noch nicht kannte. Prompt verabredeten sich die beiden dort. Und Noel, der zu dieser Zeit völlig abgebrannt war, sah einen überglücklichen Johnny Marr 9500 Pfund für Gitarren ausgeben. Das war genau das, was er vom Leben wollte – und der Beginn einer wunderbaren Freundschaft. Marr empfahl Oasis an seinen Manager Marcus Russel, der sie ein halbes Jahr später unter Vertrag nahm. Zwar hatte Russel zuvor nicht mehr von der Band gesehen als einen Kurzauftritt als Support Act von Verve – doch »schon nach fünf Minuten hatte ich keinen Zweifel mehr an diesen Jungs. Ich konnte es gar nicht glauben, daß sie noch keinen Manager hatten.«

Überdies schenkte Johnny Marr dem jungen Bewunderer seine Gibson Les Paul, auf der er unter anderem die Songs für das Album »The Queen Is Dead« komponiert und eingespielt und die er selber einst von Pete Townsend bekommen hatte. Leider zerbarst das gute Stück schon nach nicht einmal einer Woche auf irgendeinem Kopf.

Me And Alan McGee

Es war auch Johnny Marr, der Noel im Mai 1993 den Tip gab, daß Alan McGee, Boß des Labels Creation – der Heimstatt immerhin von Britpop-Heroen wie The Jesus and Mary Chain und Primal Scream – bei einem Gig seines neuesten Signings 18 Wheeler im King Tut's

23

in Glasgow vorbeischauen und daß die Mädchen-Band Sister Lovers aus Manchester dabei das Vorprogramm bestreiten würde. So hängten sich Oasis und eine Handvoll Freunde an den Troß der Girls und reisten mit nach Glasgow, wo sie dem Clubbesitzer drohten, sie würden sein Etablissement niederbrennen, wenn er sie nicht auftreten ließe. Der Mann ließ sich zwar nur zu einem Mini-Set unmittelbar nach Einlaß nötigen, doch weil die Uhr seiner Schwester Susan kaputt war, erschien McGee zwei Stunden früher als geplant und wurde Zeuge des Geschehens. Heute erinnert er sich: »Als ich reinkam, war noch niemand auf der Bühne, aber schon am Eingang erzählte mir jemand, da wären ein paar Jungs, die hätten gedroht, den Laden auseinanderzunehmen, wenn sie nicht spielen dürften. Ich dachte, das hört sich ziemlich cool an – und genauso sahen sie dann aus. Besonders einer von ihnen zog die Aufmerksamkeit des ganzen Clubs auf sich, in seiner blauweißen Adidas-Trainingsjacke und diesem Haarschnitt, der genauso war, wie ihn Paul Weller immer gern gehabt hätte. Eine wirklich unglaubliche Erscheinung. Später stellte sich heraus, daß es der Sänger von Oasis war.«

Um den weiteren Verlauf des Abends ranken sich mehrere Legenden, die von einem spontanen Tränenausbruch McGees bis hin zu einer Flasche Jack Daniels reichen, die er sich im Glückstaumel über den Kopf geschüttet haben soll. Wahr ist, daß McGee, noch ehe die Jungs fertig waren, zum Telephon eilte, um seinem A&R-Chef Tim Abbot völlig fassungslos mitzuteilen, daß ihm gerade mindestens die neuen Sex Pistols erschienen seien, wenn nicht die Zukunft des Rock'n'Roll, und in jedem Fall die Band, auf die die Company Zeit ihres Bestehens gewartet habe. Wahr ist auch, daß er die Lads noch auf dem Weg von der Bühne abpaßte und mit den Worten überfiel: »Habt ihr einen Plattenvertrag? Wollt ihr einen? Ich gebe euch einen.«

Ganz so schnell und unkompliziert ging die Sache dann aber doch nicht vonstatten. Nicht daß Alan McGee sein spontanes Angebot schon am nächsten Tag wieder bereut hätte. Ganz im Gegenteil, seine Euphorie steigerte sich geradezu ins Unermeßliche, als er ein, inzwischen runderneuertes Demo-Band der Gruppe erhielt (auf dem unter anderem bereits die Songs »Rock 'n' Roll Star«, »Fade Away«, »Bring It On Down« und »Married With Children« zu hören waren und überdies erstmals das von Noels Freund Tony French entworfene Oasis-Logo prangte und jener Union-Jack, der heute Alan Whites Bassdrum ziert. Auch daß Noel den Plattenboß mit der Bemerkung abgespeist hätte, er weigere sich, auf demselben Label zu veröffentlichen wie die japanische Girl-Group Shonen Knife, »der größte Haufen Scheiße, den ich in meinem Leben je gehört habe«, ist nur üble Nachrede.

Doch als Noel, Liam und Bonehead zu ersten Verhandlungen mit der Creation-Posse nach London reisen, gibt es gleich Ärger. Denn Tim Abott erscheint in einem Trikot von Manchester United, und da die Gallaghers bereits notorische Manchester-City-Fans sind, beschränkt sich das Protokoll im wesentlichen auf die Feststellung, daß erst mal nichts beschlossen, geschweige denn unterschrieben werde, solange »der Typ dieses Scheißhemd nicht auszieht«.

Auch die zweite Sitzung, vierzehn Tage später, bringt wenig Fortschritte und dreht sich vor allem um Noels

Forderung, einen Rolls Royce vor seine Tür gestellt zu bekommen, sobald Oasis ihren ersten Nummer eins Hit haben würden. Und als nach Wochen zähen Ringens doch alles ein gutes Ende zu nehmen scheint und Oasis am 22. Oktober 1993 zur feierlichen Vertragsunterzeichnung schreiten, taucht erneut ein Problem auf: In McGees Büro hängt ein Poster von The Farm, nach einhelliger Meinung der Band »die schlimmsten Hasardeure der Branche« und also Grund genug, die Vertrauenswürdigkeit der Firma grundlegend in Frage zu stellen. Noel: »Ich sagte, paßt auf, ich gehe jetzt auf die Toilette, und wenn ich wiederkomme, ist dieses Poster verschwunden«.

Als er wiederkam, war das Poster verschwunden – und der Vertrag perfekt: Creation erhielt die Rechte an allen Oasis-Songs; Sony-Music sicherte sich den Zuschlag für die Auslandsvermarktung.

Als offizielle Creation-Vertragskünstler verbrachten Oasis nun fast den ganzen Rest des Jahres auf Tour, als Support Acts von Verve, St. Etienne, The Real People und »zahllosen anderen Scheißbands«, die damals trotzdem große Nummern waren in der Indie-Szene. Auch die ersten überregionalen Kritiken erschienen. So im *New Musical Express,* der Liam als »Alptraum eines Frontmannes« beschrieb, dessen »Winselstimme ebenso selten den Ton trifft wie sein Tambourin den Takt«. Der *Melody Maker* immerhin lauschte Songs, »so wunderbar wie Lena Olin in schwarzer Unterwäsche und Bowler Hat«. Aber noch gab es nichts davon auf Platte.

Cigarettes & Alcohol

So buchte McGee die Jungs Anfang Dezember in die Mono Valley Studios in Monmouth, Wales, ein, damit sie mit den Arbeiten an ihrem Debüt-Album beginnen konnten. Doch als eine Woche später ein Creation-Mitarbeiter vorbeischaute, um den Fortschritt zu überprüfen, fand er wenig mehr vor als eine Rechnung über 600 Pfund für Alkohol und Zigaretten, eine rudimentäre Version von »Slide Away« und eine Handvoll kruder Stones-Remakes mit Noel am Mikro (ganz umsonst waren die Sessions dann doch nicht, denn immerhin entstand dabei das spätere Cover von »Supersonic«).

Um die Sache wenigstens irgendwie voranzutreiben, ließ McGee aus der Demoversion von »Columbia« kurzerhand eine White-Label-Maxi anfertigen, verschickte sie an diverse Radiosender – und etwas Niedagewesenes geschah: Radio One, die Popstation der BBC, nahm die Nummer, wiewohl in keinem Plattenladen erhältlich, in seine tägliche Rotation auf. Doch damit nicht genug: Die anderen Sender folgten diesem Beispiel. Ergebnis: Zum Jahreswechsel 1993/94 sind Oasis Gesprächsthema Nummer eins in der englischen Pop-Szene, ohne bis dahin eine einzige Platte veröffentlicht zu haben.

5.

Definitely Durchbruch

Feeling Supersonic

Angesichts dieser sensationellen Resonanz konnten die Jungs das neue Jahr natürlich mit gestärktem Selbstbewußtsein angehen. Zumal auch die Konzert-Premiere in der Hauptstadt, im Londoner Splash Club, nicht gerade Anlaß zu Pessimismus gab: Über 200 Fans müssen aus dem völlig überfüllten Saal ausgeschlossen werden, es gibt erste Hysterie- und Ohnmachtsanfälle; Clubbesitzer Nick Moore spricht hinterher von einem »Erdbeben von einem Gig«. Jedenfalls brauchte Noel keine großen Argumente, um den von Creation angeheuerten Produzenten Dave Bachelor rauszuschmeißen, der ihm von vornherein suspekt weil zu glatt war, und seinen alten Kumpan Mark Coyle mit der Überwachung der Mikrophone zu betrauen. Außerdem bekamen die Jungs eine Session-Tour durch nicht weniger als fünf der teuersten Produktionsstudios Britanniens spendiert, weil Noel meinte, er wolle genügend Material einspielen, um alle zwei Monate eine Single rauszubringen, so wie es die Beatles und die Rolling Stones in ihrer Anfangszeit zu tun pflegten – von einem kompletten Album mal ganz abgesehen.

Und tatsächlich hatten Oasis bereits Mitte März 94 ein gutes Dutzend publikationsfähiger Tracks beieinander; darunter auch die spätere Debüt-Single »Supersonic«, zu der sich Noel von einem Rottweiler namens Elsa inspirieren ließ: Elsa gehörte einem Tontechniker und furzte derart penetrant, daß Liam irgendwann die Bemerkung entfuhr, man möge dem Tier doch bitteschön mal etwas anderes zu fressen geben als Alka Seltzer. Die Zeilen »I know a girl called Elsa/She's into Alka Seltzer/She sniffs it through a cane/On a supersonic train« – von besorgten Eltern als schwerer Fall von Drogenumnachtung gegeißelt – wurden neben dem Refrain von »Wonderwall« zum beliebtesten Oasis-Mitgröl-Vers.

Mindestens ebenso eifrig wie an den Songs begannen Oasis nun auch an ihrem schlechten Ruf zu basteln. So mußte im Februar der langersehnte erste Auslandsgig auf einem Pop-Festival in Amsterdam ausfallen – weil nur Noel dort ankam: Liam, Bonehead, Guigsy und Tony hingegen brechen, enthemmt von literweise Duty-Free-Schampus, eine Schlägerei mit Fans des FC Chelsea vom Zaun. Als zu allem Überfluß Bonehead hinterher seine Kabine ausgeraubt vorfindet und diese im Ärger darüber komplett zerlegt, werden die vier verhaftet, auf ein Polizeiboot verfrachtet und auf halbem Wege nach England zurücktransportiert. Noel, der die ganze Fahrt seekrank im Bett verbrachte, war freilich stinksauer, weil er sich von dem Event in Holland eine Menge erhofft hatte. Liam dagegen nahm die Sache gelassen, weil für ihn der Vorfall selbst schon ein 1A-Pop-Event war; die Presse sah die Sache naturgemäß etwas anders und malte genüßlich erste Schreckensbilder von gemeingefährlichen Rock'n'Roll-Hooligans.

Die für März in Vorbereitung auf die erste Single angesetzten Gigs trugen wenig zur Imagekorrektur bei: In Bedford etwa lädt die Band fast die komplette Zuhörer-

Oasis in Moseley, März 1994, © Paul Slattery

schaft zu einer After-Show-Session in die Lobby ihres Hotels ein, das beste am Platze, ohne freilich dem Eigner Bescheid zu geben, geschweige denn dem 80jährigen Nachtportier. Die Folge sind ein Großeinsatz der Polizei und selbstverständlich Hausverbot auf Lebenszeit. Eine Woche später schon schaffen sich Oasis in Liverpool bleibende Feinde, als die Lokalmatadoren von The Farm als Präsentatoren des Konzerts auftreten und den Jungs zur Begrüßung ein signiertes Poster überreichen. Nachdem Liam die Aktion lediglich mit den Worten: »Who the fuck are you then?« kommentiert, kann nur das beherzte Eingreifen von Sicherheitskräften eine Massenschlägerei verhindern.

Zu guter Letzt gibt es aber doch noch erfreuliche Nachrichten: Auf einem inzwischen legendären Gig im Londoner 100 Club trumpfen die Jungs dermaßen auf, daß die als Headliner folgenden Whiteout von der Bühne gepfiffen und mit »Oasis«-Chören bedacht werden. (Auch wenn der Manager von Whiteout hinterher behauptete, im Publikum habe sich lediglich die notorische Spannung zwischen den Gallagher-Brüdern entladen.) »Wenn sie diese Form halten«, prognostiziert jedenfalls der Beobachter des *New Musical Express,* sind sie spätestens an Weihnachten in »Top Of The Pops«. Wenn das *spätestens* auch schon den Juni mit einbeziehen sollte, hat er unbedingt recht behalten.

Absolut Pop

Am 11. April 1994 erschien endlich »Supersonic«, die erste Single von Oasis, um, unterstützt von einem landesweit ausgestrahlten Auftritt in der TV-Show »The

Word«, acht Tage später auf Platz 31 der englischen Charts einzusteigen – was mehr als beachtlich ist für die erste Veröffentlichung überhaupt. Noch beachtlicher fast als die einheimischen Bands gewohntermaßen äußerst gewogene Fachpresse, deren Analysen von einem »Lehrbeispiel für absoluten Pop über Milchmänner, die es pfeifen werden« bis hin zu der Feststellung reichten: »Wenn es Oasis noch nicht gäbe, müßte man sie erfinden«. Doch um dem Hype glauben zu können, braucht es in England schon mindestens eine Coverstory. Und die kam postwendend. In der zweiten Mainummer 1994 titelte der *New Musical Express* erstmals mit Oasis, die Schlagzeile lautete »What the world is waiting for«. Und in dem im Stile eines Erlebnisberichts gehaltenen Artikel las man Geschichten wie diese: »Ich erinnere mich an einen Nachmittag in einer Hotellobby in Wales. Die Jungs hatten die Nacht zuvor einen Auftritt und warteten auf die Weiterreise nach Derby. Sie waren über den ganzen Saal verteilt und redeten schwachsinniges Zeug. Und es waren nicht nur Noel und Liam, die die Aufmerksamkeit auf sich zogen, sondern alle. Vor allem Bonehead kam mit derart haarsträubenden Geschichten daher, daß die Leute Tränen lachten. Als wir losfuhren, gerieten wir natürlich mitten in den Feierabendverkehr, und irgendwann sprang Bonehead unvermittelt vom Vordersitz kopfüber nach hinten. Allein: Er war der Fahrer.«

Die Laune der Band war also bestens, zumal auch die Einladung nach Glastonbury ins Haus flatterte, zum größten und bedeutendsten Pop-Festival der Insel. Vorher allerdings zog neuer Ärger auf.

So wurde die schon seit einiger Zeit zu beobachtende Unzufriedenheit von Schlagzeuger Tony McCarrol (der sich im wenig später geschossenen Video von »Live Forever« symbolträchtiger begraben läßt, als es ihm vermutlich bewußt ist) mehr und mehr zum ernsthaften Problem. Vor allem die kleinen und mit wachsendem Erfolg zusehends persönlicher werdenden Gemeinheiten von Liam fand der sensible Bursche nicht mehr sonderlich lustig; außerdem litt er darunter, daß die anderen Ruhm und Mädchen abkassierten, er hingegen noch immer regelmäßig für einen Roadie gehalten wurde. Als ihm Liam dann während eines Fußballspiels den Ball aus nächster Nähe in den Magen feuert, erreicht die Krise ihren Höhepunkt – und Tony verkündet seinen sofortigen Ausstieg. Ein paar aufmunternde Worte von Noel und nicht zuletzt eine Ladung Old-School-Turnschuhe, die der Promoter eines Gigs in Ilford für die Jungs bereithielt, konnten ihn dann allerdings noch mal umstimmen.

Der Gig selber war im übrigen eine Katastrophe, weil Horden von Stage-Divern die Bühne erklommen und einen normalen Konzertablauf unmöglich machten. Während Noel, Bonehead, Guigsy und Tony wenigstens noch halbwegs versuchten, gute Miene zum bescheuerten Spiel zu machen, schaute Liam dem Treiben bald schon nur mehr stumm und voller Verachtung zu. Als dann auch noch einer der Stage-Diver sein sternenförmiges Tambourine abgriff, verließ er mit einer *Fuck You!*-Geste die Bühne; die andern folgten ihm kurz darauf, nach nicht einmal der Hälfte des Sets.

Zwar lobt der *NME* die Vorstellung als beispielhaften Fall von »rock'n'roll survivalism« und spottet über einen »Haufen Schwachsinniger«, »die nur Liams Coolness herausgefordert haben«. Der aber war noch Tage

Noel »Undrugged«, Juni 1994, © Paul Slattery

später derart aufgebracht, daß er sich nicht in der Lage fühlte, beim großen und als *Undrugged* betitelten Festival anläßlich des zehnjährigen Bestehens von Creation zu singen. So schmissen Noel und Bonehead die Show allein. Und Liam, der auf der Ehrentribüne sitzt, sowie mehrere Millionen Fernsehzuschauer in ganz England sehen zum erstenmal das, was als »the Noel bit« zum festen Bestandteil jedes Oasis-Gigs werden sollte: ein akustisches Impromptu, andächtig, leise und auf eine bislang nicht gewohnte, eher subtile Weise cool. Noel spielt dabei auch erstmals einen Song mit dem Titel »Whatever«, den er hinterher, in einem Gespräch mit *Select,* als die »this year's christmas number one« ankündigt. Zunächst aber erscheint am 20. Juni die zweite Oasis-Single »Shakermaker« – und schießt von Null auf Platz elf der britischen Charts.

Coca Cola Is It!

Obwohl »Shakermaker« im nachhinein betrachtet die bis heute wohl schwächste Oasis-Single ist, wurde sie von den üblichen Wochenschriften beinahe noch hymnischer gefeiert als zuvor »Supersonic«. Der *Melody Maker* hörte »einen der besten Songs, die jemals geschrieben wurden«; die Kollegen vom *New Musical Express* fanden die Platte derart »übernatürlich cool« und der Konkurrenz voraus, daß die Band von Glück reden könne, wenn »im Pop keine Urinproben eingeführt werden«.

Gleichwohl gerieten Oasis in den Verdacht, sich unerlaubter Hilfsmittel bedient zu haben. Teile von »Shakermaker« erinnerten nämlich fatal an den Hit »I'd Like To Teach The World To Sing« von den New Seekers, der

Coca-Cola in den frühen Siebzigern eine Zeitlang als Werbejingle diente. So zitterte man bei Creation wochenlang vor einer Klage des mächtigen Getränkekonzerns, zumal »Shakermaker« schon eine ganze Weile zum Live-Repertoire von Oasis gehörte und ursprünglich sogar mit der Zeile begann: »I'd like to buy the world a coke«.

Noel freilich wollte von all dem nichts wissen; ja, er trug sich sogar mit dem Gedanken, eine Single-Edit mit der Originalanfangszeile zu veröffentlichen. Klugerweise ließ er sich davon gerade noch abbringen. Sowohl auf Platte als auch live hieß es fortan nur noch: »I'd like to be somebody else and not know where I've been.« Auch in der Fernsehshow »Top Of The Pops«, wo Oasis Ende Juni erstmals zu Gast sind und eine Vorstellung abliefern, die langjährige Beobachter wie den Autor Paul Lester »in ihrem schieren Delinquenten-Charme an das Debüt von Nirvana und den Smiths erinnerte«.

The Frightening Five

In Glastonbury nehmen die Jungs endgültig die Rampe zum Superstar-Ruhm. Zwar spielen sie nur auf einer von siebzehn Bühnen als einer von fast tausend Acts, irgendwann am letzten Juniwochenende 94, irgendwo zwischen Luscious Jackson und Echobelly. Doch mit einem Wirbelsturm von einem Set, der mit einem provokanten »Are you gonna wake up, then, for some real songs?« beginnt und mit einer orgiastischen 15-Minuten-Version des Beatles-Hits »I Am The Walrus« endet, walzen sie selbst Blur, Björk und die Beastie Boys nieder – und sind hinterher die Headliner jedes Festival-

Backstage in Glastonbury, © Paul Slattery

Berichts. Vorher freilich gibt's die üblichen kleinen Probleme: Noel nämlich verpaßt um ein Haar seinen Einsatz, weil er irgendwo auf dem Gelände bei einem Sponti-Happening einer Gruppe barbusiger afrikanischer Tänzerinnen hängenbleibt und erst von einem Passanten daran erinnert werden muß, daß in fünf Minuten Oasis spielten. Hinterher ist er dann aber wieder ganz der alte, als die Glastonbury-Veteranen und langjährigen Weggefährten von den Inspiral Carpets im Tourbus von Oasis vorbeischauen, um die Jungs zu ihrem gelungenen Festival-Debüt zu beglückwünschen – und Noel sie mit den Worten begrüßt: »Was, zum Teufel, macht ihr denn hier?«

Noels bis dahin größtes Bühnenerlebnis kam allerdings schon ein paar Tage früher, als er einem anderen alten Kameraden zur Seite stehen durfte: Ian McNabb, ehemals Frontmann der Band The Icicle Works (die sich zehn Jahre zuvor mit ihrem einzigen Hit »Whisper To A Scream« einen Platz in der Ewigkeit, respektive in jedem Mädchenherz, sicherten), hatte für einen Abend im Londoner King's College die Musiker Billy Talbot und Ralph Molina gewinnen können, Mitglieder von Neil Youngs legendärer Begleitband Crazy Horse. Zwar bittet man den Oasis-Boß nur für ein Garage-Punk-Medley auf die Bühne, doch macht er eine so gute Figur dabei, daß die hochdekorierten Gitarreros ein paar Tage später nach Manchester reisen, um sich einen Oasis-Gig anzusehen.

»Meine Mama kann verdammt stolz sein«, schwärmt Noel hinterher. »Ich bin auf einem Photo mit Arthur Lee, ich stand auf der Bühne mit Crazy Horse, und ich werde demnächst neben Johnny Cash zu sehen sein. Eigentlich fehlt nur noch, daß ich zusammen mit Burt Bacharach einen Song schreibe, und dann habe ich das komplette Set.«

Mit derlei Aussichten und der noch immer hoch in den Charts stehenden Single »Shakermaker« im Gepäck begaben sich Oasis Mitte Juli nur zu gerne auf ihre erste Übersee-Reise zum *New Music Seminar* in New York, einem von der amerikanischen Platten-Wirtschaft alljährlich einberufenen internationalen Talentschuppen – um dort natürlich genau das anzutreffen, was sie erwartet hatten: ein zutiefst humorloses, britischer Popmusik völlig entwöhntes Publikum, das die mitgereisten S*M*A*S*H und Echobelly mehr als reserviert aufnimmt. Doch auch hier gelang Oasis das Unmögliche: Beseelt von einem Besuch in Strawberry Fields, der John-Lennon-Gedächtniswiese im Central Park, liefern die fünf Mancunier einen, wie Reporter nach England

39

Oasis bei ihrem Festival-Debüt in Glastonbury 1994, © Paul Slattery

41

kabeln, »wahren Killer Gig« und reißen selbst die als re-
aktionär verschriene amerikanische Rock-Presse zu Be-
geisterungsstürmen hin. Im weiteren Verlauf des insgesamt sieben Tage dauernden Aufenthalts darf Liam
sogar ungestraft die Veranstaltung in Frage stellen
(»Wir sind zu wichtig für irgendeinen blöden Industrie-
Zirkus«), die Säulenheiligen des US-Rock beleidigen
(»Pearl Jam sollen sich ins Knie ficken«) und unge-
hemmtem Größenwahn fröhnen (»Wir sind die beste
Band dieser verdammten Welt, und wenn niemand von
uns stirbt, werden wir so groß wie die verdammten
Beatles«). Zurück zu Hause resümiert Noel ein wenig
prosaischer und ein bißchen treffender: »Wir haben die
Amerikaner an ein paar wichtige Aspekte der Pop-
Musik erinnert.«

Zurück zu Hause belebten Oasis aber auch gleich ein
paar ganz andere Aspekte der Pop-Musik: Der erste
Halt nämlich ist das legendäre Rock'n'Roll-Hotel Columbia in West-London, wo sich die Jugend dieser Welt
seit Jahr und Tag austoben darf, ohne dafür belangt zu
werden. Oasis aber schütten erst ihren Müll aus dem
Fenster in ein offenes Cabrio und werfen später Fern-
seher und andere Einrichtungsgegenstände hinterher –
bis sie schließlich eine derartige Verwüstung angerich-
tet haben, daß von der Hotelleitung ihr sofortiger Raus-
schmiß angeordnet wird. Zwar beteuerte Liam, er habe
lediglich einem Käfer in seinem Zimmer den Garaus
machen wollen, das Rad der Geschichte ist jedoch nicht
wieder zurückzudrehen. Neben The Fall und The Mis-
sion wird Oasis als dritte Band in die Annalen eingehen, die es geschafft hat, aus dem Columbia verbannt
zu werden. Liam: »There's better hotels anyway.«

Den Verkäufen von »Live Forever«, ihrer dritten Single, schadete das nicht: Es wird ihre erste Top-ten-Single und bleibt bis heute einer ihrer allerfeinsten Songs: eine unwiderstehliche Hymne auf die Macht jugendlichen Denkens und die Magie jugendlicher Schönheit und eine souveräne Absage an jegliche Form von Erwachsensein: »I think you're the same as me/We see things they'll never see/You and I we're going to live forever«.

Die Stil-Fibel *The Face* sieht in Zeilen wie diesen lang vermißte Anarchie- und Teenage-Rampage-Tugenden in die Popmusik zurückkehren und hebt Oasis auf das Cover ihrer August-Nummer. Titel: »Never mind the Bollocks, here's the Sex Beatles!« Die großen Musik-Weeklys erweisen den Jungs gar eine Ehrerbietung von pressehistorischem Rang: *Melody Maker* und *New Musical Express* brechen am 8. August 1994, dem Erscheinungstag von »Live Forever«, mit einer uralten Tradition und widmen ihren Titel demselben Thema: Oasis. In der über dreißigjährigen Geschichte dieser Blätter hatte es das zuvor nur zweimal gegeben: 1988 mit U2 und nach dem Tod von Kurt Cobain.

Auch im weiteren Verlauf des Monats machen Oasis reichlich Schlagzeilen, wobei alles wichtig ist – außer der Musik. In Newcastle stürmt ein Hooligan die Bühne und schlägt Noel zu Boden, just als die Band den Song »Bring It On Down« spielt, woraufhin die Show abgebrochen wird. Hinterher fallen dreihundert aufgestachelte Fans über den Tourbus her, und nur mit Glück und jeder Menge zerbeultem Blech kann die Band entkommen. Im schwedischen Vimmerby bricht sich Liam erst den Fuß, als er vom Dach eines fahrenden Busses springt; abends demoliert er zusammen mit den Freunden von Verve und Primal Scream die Bar des altehrwürdigen Halycon Hotels. (Das am selben Abend entstandene Photo für das Cover von »Cigarettes & Alcohol«, das die Band trinkenderweise in einem derangierten Hotelzimmer zeigt, kann später ein wenig über die Rechnung über mehrere tausend Pfund hinwegtrösten).

Jedenfalls eigneten sich »The Frightening Five« *(Daily Star)* und ihr »tägliches Leben, das aus zerstörten Hotelzimmern, blutigen Keilereien, Drogen und Groupies besteht« *(Daily Mirror),* ganz hervorragend zum Füllen des trüben Sommerlochs. Vom Anheizen der Spannung auf ihr noch immer ausstehendes erstes Album ganz zu schweigen. Es sollte am 30. August erscheinen und den für Oasische Verhältnisse ausgesprochen unentschlossenen Titel »Definitely Maybe« tragen.

Natürlich wahrscheinlich

Trotz der eher laxen Arbeitsmoral der Band und vieler Tage, in denen teuer gemietete Studioräume vor allem als Trink- und Party-Stätten genutzt wurden, summierten sich die Produktionskosten für »Definitely Maybe« auf nicht mehr als 75.000 Pfund, was vergleichsweise wenig ist. Überdies mußte Creation kaum mehr in PR investieren, da spätestens die Bekanntgabe des Release-Datums einen Presse-Wirbel auslöste, wie es ihn nicht einmal vor dem Debüt-Album der Stone Roses und vermutlich seit Frankie Goes to Hollywoods »Welcome To The Pleasuredome« nicht mehr gegeben hatte.

Und natürlich hatte auch die Band selber nicht den geringsten Zweifel daran, daß »Definitely Maybe« der ganz große Wurf werden würde. Laut *Select* soll es nach einem Konzert im Londoner Forum am Vorabend der Veröffentlichung zu folgendem Gespräch zwischen Noel und Paul Weller gekommen sein:

Weller: *Das war ziemlich gut, aber ihr solltet Zugaben geben.*

Noel: *Ich war dabei, als du neulich sechs Zugaben gespielt hast, und es hat mich zu Tode gelangweilt. Aber ich bin glücklich, daß du das Album ‚Wild Wood' herausgebracht hast. Jetzt gibt es etwas, das wir toppen können.*

Weller: *Das wird euch nicht gelingen.*

Noel: *Hör zu, mein Freund. Es ist uns bereits gelungen.*

Weller: *Nie im Leben.*

Noel: *Und ob. Wart nur ab, dann wirst du's sehen.*

Weller: *Wir werden sehen.*

Noel: *Ja, wir werden sehen. Und jetzt verschwinde aus meiner Kabine. Und sag mir, daß ich Gott bin.*

So kam also »Definitely Maybe« am Dienstag, den 30. August 1994, in die Läden (normalerweise erscheinen neue Platten in England immer am Montag, der aber in dieser Woche ein Feiertag war) und hatte sich bereits bis Ende derselben Woche mehr als 150.000mal verkauft – womit es als bis dahin schnellstverkauftes Debüt-Album der Neunziger in die Geschichte einging. Da auch in den darauffolgenden Wochen das Interesse nicht nachließ, wurde aus dem schnellstverkauften bald auch das bisher bestverkaufte Debüt-Album der Neunziger. Mittlerweile ist »Definitely Maybe« in England das bestverkaufte Debüt-Album aller Zeiten.

Natürlich stand es außer Frage, daß »Definitely Maybe« auf Anhieb an die Spitze der britischen Charts schießen würde – natürlich wahrscheinlich: Denn just zur selben Zeit traten die notorischen Opernstars Placido Domingo, Jose Carreras und Luciano Pavarotti zu einer LP-Aufnahme zusammen, für die – auch angesichts einer in der Musikgeschichte beispiellosen Werbekampagne – die Nummer eins fest gebucht war. Doch Oasis übertrumpften die schwergewichtige Konkurrenz und setzten allein in der ersten Woche fast 20.000 Exemplare mehr ab als »The Three Tenors«. Creation durfte den ersten Nummer-eins-Erfolg in der zehnjährigen Firmengeschichte feiern und cool kommentieren: »Drei schreiende Fettwänste sind keine Konkurrenz für Oasis«.

Um diesem Umstand noch ein wenig Nachdruck zu verleihen, luden Oasis am Erscheinungstag zu einer Release-Party in den Londoner Virgin-Megastore, der erwartungsgemäß aus allen Nähten platzte. Obwohl Virgin an diesem Nachmittag alle Feuer- und sonstigen polizeilichen Verordnungen großzügig ignorierte, mußten rund tausend Fans draußen bleiben. Und nur etwa 200 Glückliche werden Zeuge einer ungestöpselten Greatest-Hits-Session, die durch die tatkräftige Unterstützung des zufällig anwesenden Lemonheads-Sängers Evan Dando einen zusätzlichen Reiz erfährt. Die Kooperation funktioniert dann gleich so gut, daß das Indie-Idol auch bei einem Gig im Buckley Tivoli am 1. September mitmischt und später sogar zusammen mit Noel einen Song namens »Purple Parallelogramm« schreibt, der auch auf dem nächsten Album der Lemonheads erscheinen soll. Neben Verve und Primal Scream sind die Lemonheads übrigens eine von nur drei aktuellen Bands, von denen Oasis nicht sagen, sie seien »scheiße«.

Get Your Rocks off

Trotz gewisser Déja-vu-Erlebnisse, die mancher Käufer mit »Definitely Maybe« haben mußte (die Platte enthielt alle drei Singles inclusive »Columbia« und einen Großteil des sattsam bekannten Live-Materials), war das Debüt-Album von Oasis die Sensation des englischen Pop-Sommers 94. Und diesmal gab's nicht nur die obligatorischen Arien in *New Musical Express* und *Melody Maker* – alle, alle stimmten in den Jubelchor ein: Die sonst eher konservative Rock-Zeitschrift *Q* sah »Manna vom Himmel« regnen, und *Select* eröffnete eine halbseitige Eloge mit der Empfehlung: »Wo immer die Stone Roses gerade sind, sie packen besser ein und gehen nach Hause.« Auch seriöse Tageszeitungen wie der *Guardian* registrierten »Pop in seiner ansteckendsten Form«. Und selbst das Raver-Fanzine *Mixmag,* das auf unelektronische Umtriebe bis dahin stets die Höchststrafe verhängt hatte, gab sich geschlagen, zehn von zehn Punkten und den Kommentar ab: »Du magst auf Techno stehen, auf HipHop, Jungle oder House – an dieser Platte kommst du trotzdem nicht vorbei«.

Kein Zweifel: »Definitely Maybe« war das Album, auf das alle gewartet hatten. Ein Album, das mit einem Schlag die Jahre des Darbens beendete und den Pop wieder nach Hause brachte: Jeder Song ein Grund zu leben, in jeder Zeile das Versprechen von ewiger Jugend, immerwährendem Spaß und der totalen Unbegrenztheit des Möglichen: »You can have it all« (»Supersonic«), »These could be the best days of our life« (»Diggsy's Diner«) – wieviel schöner klang das doch als die Verzweiflungs-Prosa der lange herrschenden US-

Rocker, wieviel verlockender als etwa: »I'm a loser baby, so why don't you kill me« (Beck) oder »I feel stupid and contagious, here we are now, entertain us« (Nirvana)?

Nein, die Losung war von jetzt an wieder eine andere: »Don't get a job, get your rocks off!« warb ein kleiner Plattenladen in Manchester für »Definitely Maybe« und fing damit den wiederauferstandenen Geist von dreißig Jahren britischer Popmusik ein. Eben so wie Oasis selber. Deren Übersetzung für die Gegenwart lautet ungefähr: Mit den richtigen Turnschuhen, den richtigen Drogen und der richtigen Portion Selbstbewußtsein bist du an guten Tagen den Göttern nah.

Whiskey A Go Go

Jenseits der britischen Inseln nahm man die Nachrichten vom Pop-Wunder aus Manchester bis dahin noch mit eher mäßigem Interesse auf. In Amerika gab's ein paar verhaltene Kritiken und einen Kurzauftritt in den Siebziger-Regionen der Hot 100. Die deutschen Fachblätter verschliefen »Definitely Maybe« entweder völlig – wie naturgemäß der *Musik-Express* – oder taten Oasis als belanglosen Brit-Hype ab wie *Spex,* das in seiner Oktober-Ausgabe notierte: »Vielleicht sogar eine Band, mit der man einen Abend lang Spaß haben kann, aber bei allem, was sie schon wieder sein sollen, hoffnungslos überfordert«. In Japan kam die Platte zunächst gar nicht erst raus.

Um so überraschter sind die Jungs, als sie auf einem Kurz-Trip nach Japan Ende September vor ausnahmslos ausverkauften Rängen spielen. Wo immer sie auftauchen, fallen Horden lärmender Mädchen über sie

Our Kid in America: Liam bei seinem legendären Auftritt im Whiskey A-Go-Go in Los Angeles

Oben: **Oasis nehmen die ersten Stufen zum Ruhm**
Links: **Liam, Guigsy und Noel in Erwartung dreier NME-Brat-Awards im Februar 1995**

Rechte Seite:
Oben: **Country House: das Geburtshaus der Gallaghers in Burnage**
Unten: **Die Gallaghers mit Ma Peggy und ihrem nicht ganz so berühmten Bruder Paul**

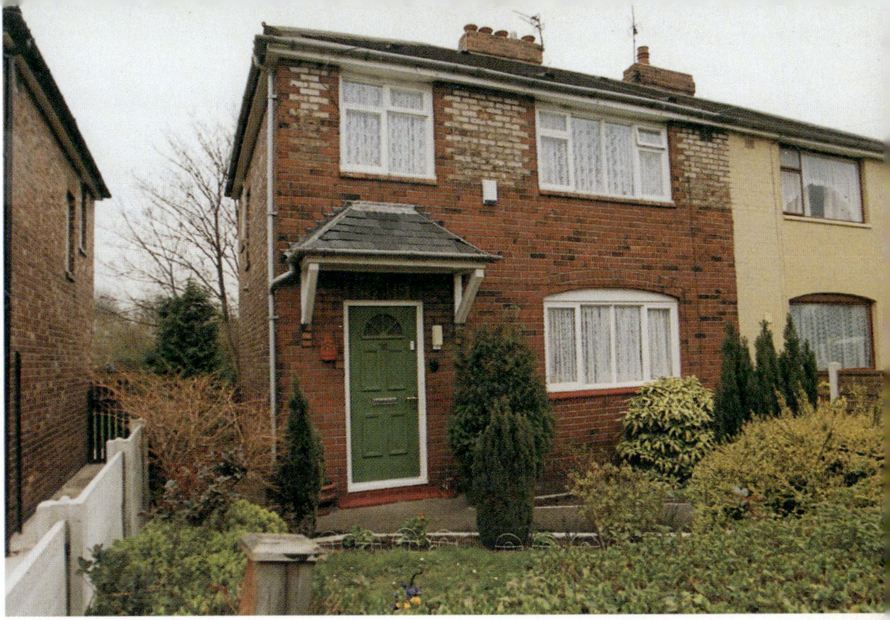

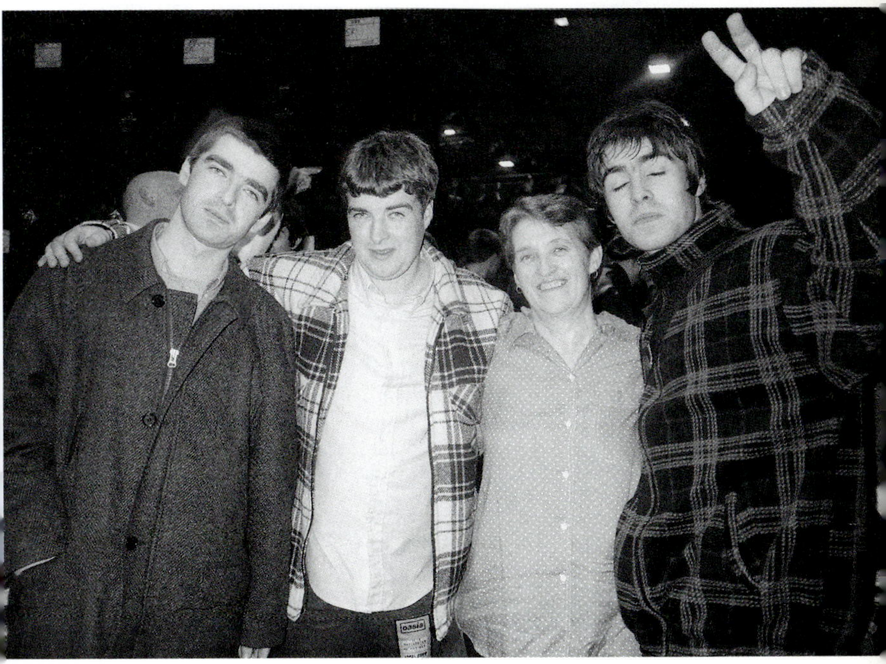
oasis

Oben: **Liam mit Freundin Patsy Kensit**
Unten: **Morning Glory: Noel und Liam auf der After-Show-Party nach gebrochenem Hallen- weltrekord im Earl's Court, November 1995**

Rechte Seite:
Oben: **Talk Tonight: Oasis bei David Letterman im Dezember 1995**
Unten: **This Charming Man: Liam in Brighton, Dezember 1995**

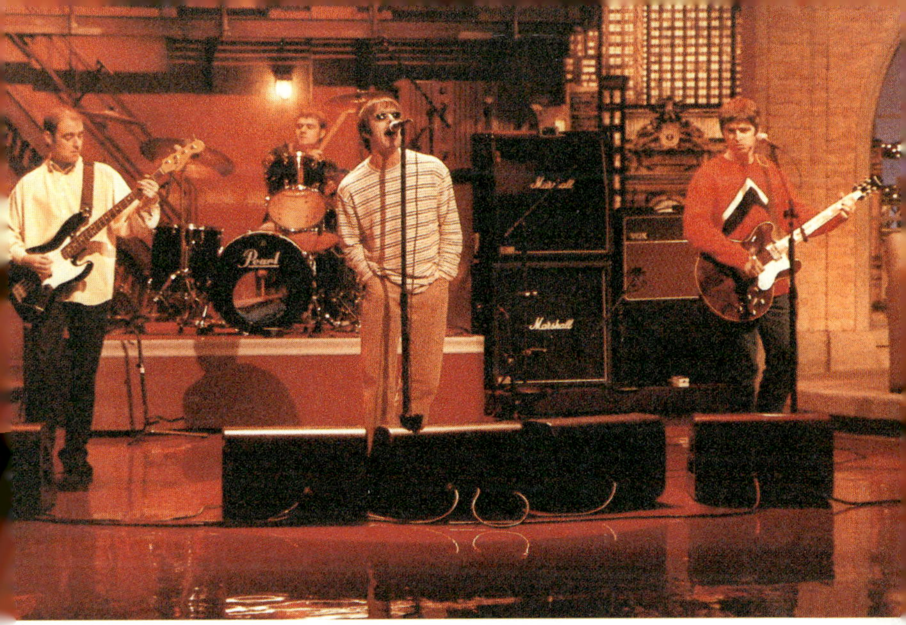
Pearl
Marshall
Marshall

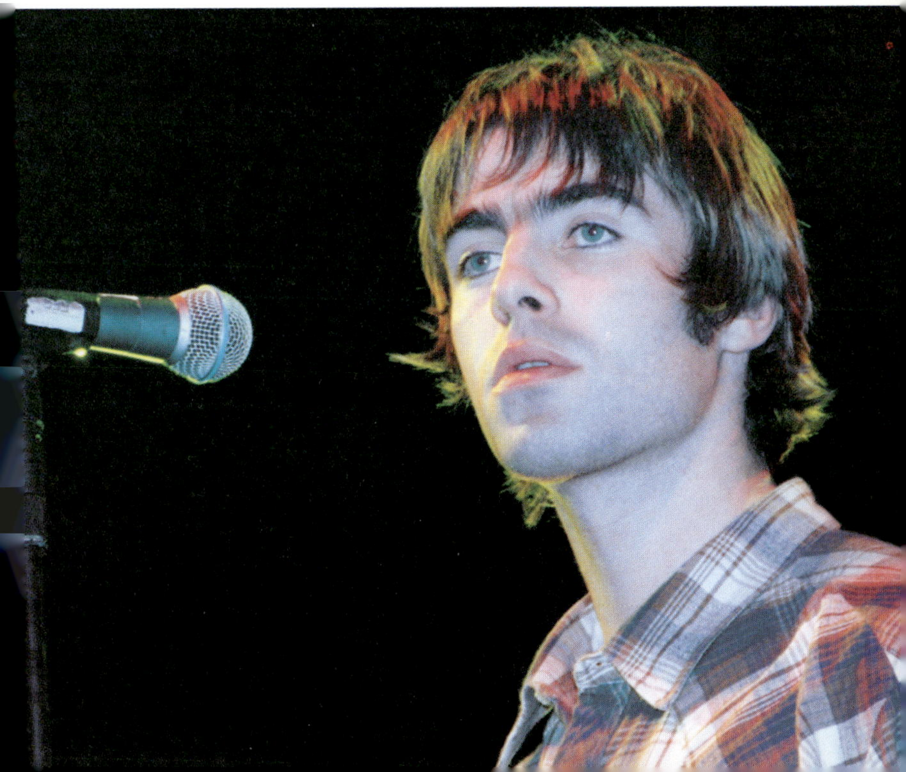

Roaring Gallaghers: Englands ganzer Stolz

her, die zum Teil sogar in Manchester-City-Trikots auflaufen, und überhäufen sie mit Liebe und Geschenken. In Tokio feiern Oasis den hundertsten Gig ihrer Karriere (den Bonehead fast verpaßt, weil er katergeplagt im Bett liegt); in Nagoya, der letzen Station, geben die Jungs zum allererstenmal eine Zugabe: bezeichnenderweise ist es »Rock'n'Roll Star«.

Schon drei Tage nach ihrer Rückkehr und kaum vom Jet-Lag genesen, brechen Noel, Liam, Bonehead, Guigsy und Tony erneut nach Übersee auf: zu ihrer ersten offiziellen US-Tournee. Es wird eine abenteuerlichen Reise, die fast schon wieder zu Ende ist, ehe sie richtig begonnen hat. Denn der Eröffnungsgig im legendenumrankten Whiskey-A-Go-Go-Club in Los Angeles wird ein Desaster, und auch sonst lassen Oasis von vorneherein nur wenig aus, um sich unbeliebt zu machen. Gleich am ersten Tag düpiert Liam die Kundschaft des Radiosenders KROQ, der zu seinen Ehren ein großes Hörer-Call-in veranstaltet, indem er auf die harmlose Frage, ob er einen Motorroller fahre, brüsk erwidert: »Wir sind keine verfickten Mods, ist das klar?« Abends verursachen die Jungs eine Rangelei in Johnny Depps Viper Room, weil sie auch lange nach der Sperrzeit noch nach Getränken grölen und sich strikt weigern zu gehen. Eine darauffolgende Privat-Session im nahegelegenen Haus von Boneheads Bruder beendet schließlich die in Manschaftsstärke angerückte Polizei, wobei Bonehead wegen Ruhestörung vorübergehend festgenommen wird.

Nur mit viel Glück, Verhandlungsgeschick und Aspirin können Oasis anderntags vollzählig antreten. Nicht zuletzt wegen der Geschehnisse am Vortag ist das Konzert im Whiskey-A-Go-Go, jenem Club, in dem in den

Big in Japan: Osaka, September 1994, © Paul Slattery

60er Jahren von den Byrds bis zu den Kinks nahezu jede namhafte Band ihre Visitenkarte abgab, Gesprächsstoff Nummer eins in L.A.; sogar Ringo Starr soll gerüchtehalber im Publikum sein. Doch schon bei der ersten Nummer streikt der Baß-Verstärker, wenig später wird ein Crowd-Surfer auf die Bühne geschwemmt und wirft den Mikrophonständer um, woraufhin Liam mit dem Tambourine auf ihn losgeht. Als dann auch noch ein Kameramann mit Liam kollidiert, weigert der sich weiterzusingen, womit er wiederum Noel gegen sich aufbringt. Die Sache eskaliert schließlich in einem handfesten Streit auf offener Bühne, den die Menge mit *Fight! Fight!*-Rufen zusätzlich anstachelt. Der Gig endet im kompletten Chaos. Ein mitgereister *NME*-Reporter funkt verzweifelt nach Hause: »Morgen wird man sie für immer begraben.«

Auswärtsspiele

Noel hatte jedenfalls erst mal die Schnauze voll. Er stellte den Jungs ein Ultimatum, innerhalb dessen sie sich entscheiden könnten, ob sie fortan mit hundert Prozent Einsatz am Erfolg arbeiten oder die Band lieber verlassen wollten, nahm sich tausend Dollar aus der Tour-Kasse und den ersten Flieger raus aus der Stadt.

Und während Marcus Russel fast alle geplanten Shows vor allem im so wichtigen amerikanischen Mittelwesten, in Austin, Dallas, Kansas und Missouri, absagen mußte, erkundete Noel drei Wochen lang die Staaten – und dabei ein bißchen auch sein Inneres. Er dachte über alles nach, zum erstenmal seit jenem Abend, an dem alles anfing: darüber, wer er war, was er wollte und wohin das alles führen sollte. Hatte das Musikmachen noch irgendeinen Sinn? War er scharf darauf, in dieser Besetzung weiterzuspielen? Einen Umstand gab es dabei, an dem er nicht vorbeikam – und der war überzeugender als alle Zweifel, die er vielleicht hatte: All seinen Gedanken entsprangen Songs, immer wieder; er konnte gar nicht anders, als weiterzumachen.

Noel kehrte zurück zu seiner Band, mit ein paar unsterblichen Nummern im Gepäck, die er bis dahin komponiert hatte, darunter »Half The World Away« und »Talk Tonight«. Die Meldung, daß die vierte Single »Cigarettes & Alcohol«, obwohl nur aus »Definitely Maybe« ausgekoppelt und von Noel »eigentlich nur als Witz gemeint«, auf Platz sieben der englischen Charts eingestiegen und damit die bislang erfolgreichste von Oasis war, beseitigte dann vollends alle Zeichen von »Müdigkeit« (dem offiziellen Grund für die Konzertabsagen und

Noels Verschwinden). Und als wäre nichts gewesen, gab es nach einem Gig in Minneapolis ein großes Versöhnungsbesäufnis.

Mit einer Reihe ausverkaufter und gelungener Gigs, einer Session für die MTV-Show *120 Minutes* und einem erfolgreichen Videodreh für die nächste Single »Whatever« fand das Amerika-Abenteuer dann doch noch einen versöhnlichen Ausklang. Ende Oktober kehrten Oasis nach Europa zurück, zu ersten Konzerten in Deutschland und Belgien. Am 19. Dezember 1994 endlich erschien »Whatever« – in Noels Augen noch immer »der beste Song, den ich je geschrieben habe«.

Whatever, Never Mind

Der Charts-Einstieg von »Whatever« brachte Oasis die erstaunliche Quote von fünf Hit-Singles in neun Monaten und nun auch den letzten Skeptiker zu der Einsicht, daß die Band ihren Hype überlebt hatte. Sogar im Amerika-fixierten Deutschland akzeptierte man dies allmählich, druckte erste Geschichten und Interviews; schon im ersten in Deutschland erschienenen Oasis-Interview, am 21. November 1994 in *jetzt,* dem Jugendmagazin der *Süddeutschen Zeitung,* hatte Liam unkommentiert zu Protokoll geben können: »Wir verkaufen die Hallen aus, weil uns die Leute sehen wollen, nicht weil wir ein Hype sind. Wir haben drei Singles und das Album in den Charts. Wenn das ein Hype sein soll, dann vergiß Hype!«

»Whatever« war aber auch bereits die zweite Single in neun Monaten, bei der Creation einen Rechtsstreit befürchten mußte. Nicht, weil es der vermutlich beste

You talkin to me?, © Paul Slattery

Beatles-Song war, den die Beatles nie geschrieben hatten. Vielmehr war einigen aufmerksamen Hörern schon nach den ersten Live-Kostproben aufgefallen, daß der Track erstaunliche Gemeinsamkeiten mit dem alten Mott The Hoople-Hit »All The Young Dudes« aufwies, zumal er überdies die Zeile »All you young blues« enthielt. Und Gerüchte machten die Runde, der Komponist von »All The Young Dudes«, David Bowie, habe bereits seinen Rechtsanwalt mit entsprechenden Ermittlungen beauftragt. Als »Whatever« erschien, war immerhin die verfängliche Zeile eliminiert, und die einzige Klage kam von einer britischen Band namens Nirvana (nicht zu verwechseln mit den in Seattle heimischen Sultans of Slacker), die behauptete, mit exakt der gleichen Nummer seit Jahren durch heimische Wirtshaushinterzimmer zu tingeln.

Obwohl Oasis mit »Whatever« nach Meinung der Kritiker endgültig »irdische Gefilde hinter sich lassen und Gottes Gesicht streifen« *(NME),* verfehlte die Single die erhoffte Nummer-eins-Position knapp. Dafür war sie das einzige Glanzstück in einer Hitparade, die zu Weihnachten wie gewohnt den Höhepunkt an Seichtheit erreichte. (Vor Oasis lagen nur East 17, dahinter rangierten Mariah Carey und Bon Jovi.) Außerdem blieb der Song länger als alle bisherigen in den Charts, erreichte fast überall in Europa die Top-Ten, entwickelte sich in den USA zum College-Radio-Dauerbrenner und bescherte Oasis den fulminanten Höhepunkt eines Wahnsinns-Jahres. Und der Wahnsinn hatte erst begonnen.

6.

Supernova

Brat-Packer

Auch wenn es nicht der größte Verkaufserfolg war, wird »Whatever« wohl als der *ultimative* Oasis-Song in die Geschichte eingehen: als Standardbeispiel für Noel Gallaghers ausgeprägten Sinn für beste Pop-Tradition ebenso wie für sein sicheres Gespür für musikalische Zeitströmungen, für hartgesottenes Britischsein ebenso wie für untrügliches Gefühl für Massenwirkung. Und für jene Ladish-Attitüde, aus der Oasis ihre ganze Energie und Kraft beziehen: »I'm free to do whatever I choose« – so einfach ist Coolsein. Überhaupt: Das Coole an Oasis ist, daß Coolsein bei ihnen so einfach erscheint.

Die Ergebnisse der Leser- und Kritikerpolls, die zum Jahreswechsel 94/95 veröffentlicht wurden, waren wichtigster und letzter Beweis für die Bedeutung der Band: Die Leser, vor allem die des einflußreichsten Blattes, des *NME,* wählten Oasis – beziehungsweise die einzelnen Mitglieder – in fast allen Kategorien auf Spitzenpositionen, erstaunlicherweise auch in der Sparte »Darling des Jahres«, trotz der durchschlagenden Erfolge von Hugh Grant, Take That und, nicht zu vergessen, des auf der Insel reüssierenden deutschen Soft-Kickers Jürgen Klinsmann. Ebenso deklassierten Oasis die

Konkurrenz bei den jährlich vergebenen Brat-Awards, den vom selben Magazin initiierten und von Branchen-Interessen unabhängigen englischen Kritiker-Preisen. Dort erhielten Oasis nicht etwa den Award für die beste neue Band, sondern gleich den für die beste Band überhaupt; die Trophäen für »Definitely Maybe« als Album und »Live Forever« als Song des Jahres machten den Triumph perfekt. Und Oasis standen damit, letztendlich doch überraschend, weit über den vermeintlichen Aufsteigern von Blur – was den Beginn einer wunderbaren Feindschaft markierte.

Um so mehr, da Liam bei der Preisübergabe die Gelegenheit zu einem Rundumschlag ergriff und die Auszeichnungen mit der Bemerkung kommentierte, alle anderen Bands im Saale seien ohnehin keinen Pfifferling wert, »besonders Mist wie Shed Seven« – eine Band, der als Protegés von Blur gerade der Sprung ins Geschäft gelungen war. Überdies weigerte sich Liam später, zusammen mit Blur-Sänger Damon Albarn für das Cover des *NME* zu posieren.

Eine Begegnung der beiden, als »The Liam and Damon Incident« in die Geschichte eingegangen, wurde von dem Blatt in folgendem Wortlaut überliefert (der im Grunde die ganze Absurdität des allmählich anschwellenden und später offen augetragenen Konflikts der beiden Bands verdeutlicht):

Damon: *Oi! Liam. Bleib mal stehen und hör auf zu tanzen.*

Liam: *Nein.*

Liam geht auf Damon zu und baut sich vor ihm auf.

Liam: *Du willst mir also erzählen, daß wir scheiße sind. Hab ich recht?*

Damon hält 15 Sekunden lang inne und sagt dann leise: *Nein.*

Liam: *Aber du bist es. Äh, äh, äh, nein. Ich sag's dir. In dein Gesicht. Deine Band produziert nichts als Scheiß. So ist es. Und deshalb werde ich kein Photo mit dir machen.*

Damon: *Das geht schon in Ordnung. Das ist immerhin fair von dir.*

Liam: *Es ist fair. Der Preis ist sowieso für den Arsch. Er ist ein Witz.*

Noel kommt, und Damon wendet sich ab.

Noel: *Du bist ein verdammter Dummkopf.*

Liam: *Du kannst mich mal, wenn du mich fragst.*

Noel: *Du bist ein Scheiß-Popstar.*

Liam: *Yeah! Yeah!*

Noel geht wieder.

Liam zu Damon: *Sorry, aber so ist er nun mal. Er haut ab, weil die Welt rund ist, und er denkt, sie sei viereckig.*

Damon: *Die Welt ist nicht rund.*

Liam: *Ist sie doch. Für mich ist sie rund. Er denkt, sie sei viereckig, und ich sage, sie ist rund. Weißt du, was ich meine?*

Damon: *Oi! Liam.*

Liam: *Du willst also nicht wirklich, daß ich mit dir zusammen ein Photo mache.*

Damon: *Wie du willst. Es ist mit gleich.*

Liam: *Ich will jedenfalls nicht auf ein Photo mit dir. Und ich habe den Arsch und die Eier, dir das zu sagen. Yeah! Yeah! Yeah! Alles, was ich will, ist Platten verkaufen.*

Schließlich prangte Noel auf dem Titel des *NME*, eingerahmt von Damon und Martin Rossiter von Gene

(Blur erhielten den Award für die beste Live-Performance, Gene wurden als hoffnungsvollste Newcomer gekürt). Ein Photo mit dokumentarischem Charakter – denn die »Best Band«-Trophäe, die Noel den Lesern stolz entgegenreckte, war leider bereits während der After-show in die Brüche gegangen.

In Amerika entwickelten sich Oasis immerhin zu einem Exotikum. »Definitely Maybe« stieg, gepuscht von den Radio-Einsätzen von »Whatever« und den allenthalben kolportierten Meldungen über die skandalumwitterten Krawallbrüder, erneut in die Album-Charts ein; auch konnte Sony bei MTV den verstärkten Einsatz von Oasis-Videos durchsetzen. Der entscheidende Karriereschub blieb jedoch noch immer aus. Eine Reihe von Auftritten im Februar stießen zwar auf regen Zuspruch an den Verkaufsschaltern, in den Hallen jedoch, beobachtete Liam, »hängen die Leute wie Fledermäuse von der Decke«. Da man mancherorts schon fünf und mehr Stunden vor dem Gig die Pforten öffnete, waren die meisten Fans schon beim ersten Song derart betrunken, daß sie jegliche Aufnahmefähigkeit verloren hatten. So tröstete man sich damit, daß »Amerika nicht wichtiger ist als jedes andere Land« und fuhr wieder nach Hause – wo mutmaßlich erfreulichere Dinge warteten. Am letzten Februarwochenende vergab die Musikindustrie die Brit-Awards, das englische Pendant zu den Grammys.

Diese Nacht jedoch gehörte Blur, die alle wichtigen Preise einheimsten. Daß Damon Albarn den Award für die beste Band »meinen Freunden von Oasis« widmete, hob deren Stimmung auch nur mäßig. Ausgerechnet der

NME heizte die Rivalität der beiden Bands noch zusätzlich an, indem das Blatt fortan mit einem Photo warb, auf dem Blur-Drummer Graham dem verdutzten Liam einen Kuß auf die Backe drückt, versehen mit dem Slogan »Miracles Happen!«

The Great Escapade

Mitte April 95, unmittelbar vor ihrer ersten Tour durch Frankreich, brachten Oasis eine neue Single heraus. Sie hieß »Some Might Say« und war insofern anders, als sie erstmals andeutete, daß Eskapismus wohl doch nicht der Coolness letzter Schluß sei: »Some might say that sunshine follows thunder/Some might say we'll find a brighter day« hieß es da in rätselhaftem Konjunktiv, und die Verse schmiegten sich einer Melodie an, die zwar einmal mehr von Noels unerschöpflichem Fundus an klassischen Hooks zeugte, jedoch ebenfalls eine gewisse Verzagtheit suggerierte.

So durften die Gegener der Band schon mal genüßlich die Messer wetzen und dem langersehnten Einbruch entgegenfiebern; zumal auch die Kritiken diesmal nur vorsichtig zustimmend ausfielen. Um so erstaunlicher war es, daß »Some Might Say« auf Anhieb in die Top-Ten schoß, dort sogar noch vor Take That's zeitgleich erschienenem Meisterwerk »Back For Good« landete und die Woche darauf auf Platz eins der britischen Charts thronte.

Die Freude über den ersten Nummer-eins-Erfolg währte jedoch nicht lange, als sich in Paris ein von Beobachtern lange erwarteter Zwischenfall ereignete: Der Besuch einer Striptease-Bar endete in einer endgültigen Auseinandersetzung zwischen Liam und Tony Mc-Carroll. Worum es ging, und was genau geschah, drang nie an die Öffentlichkeit. Es muß jedoch derart heftig zur Sache gegangen sein, daß neben der Bar auch eine lange Freundschaft zu Bruch ging (Liam und Tony kannten sich von Kindesbeinen an). Tony sagte der Band ein für allemal adieu. Und Noel stand zwei Tage vor einem Auftritt bei »Top Of The Pops« ohne Drummer da. Ein panikartiger Telephonrundruf erreichte jedoch immerhin Paul Weller, der Noel einen Session-Musiker seines Vertrauens empfahl. Schon am nächsten Vormittag trafen sich die beiden in einem Café in Camden, wobei Noel, so erzählt er zumindest, seinem verdutzten Gegenüber lediglich eine Kopie von »Some Might Say« in die Hand gedrückt und mit der Order versehen haben will, das Ganze über Nacht einzustudieren. Die Show wurde ein Erfolg und Alan White Mitglied bei Oasis.

Auch die Fans akzeptierten den Wechsel ohne Protest, und gleich der erste Gig mit Alan geriet zu einem ihrer bis dahin größten Live-Momente: In der ausverkauften Arena von Sheffield, einer der größten Hallen Englands, feierten die Jungs Anfang Mai einen Triumph, den Kritiker gar mit dem legendären Auftritt der Beatles im Shea Stadion verglichen: »Ein Triumph nicht für Britpop«, so schrieb der *Melody Maker,* »nicht für die Kraft von Träumen, die wahr werden können, oder ähnlichen Unsinn, sondern schlechterdings für Oasis und die Menschen, die sie lieben, für lebensbejahende Pop-Musik, sehr, sehr laut gespielt, von unwiderstehlich coolen Bands.«

In Anbetracht des anhaltenden Erfolgs, aber auch weil Blur mit einem neuen Album drohten, entschloß sich Noel, die bereits angekündigte Veröffentlichung

Baby, I'm a Rock'n'Roll Star: der neue Drummer Alan White, © Kim Tonelli/S.I.N.

einer B-Seiten-Sammlung zu verschieben und schnellstmöglich mit den Aufnahmen an der zweiten Oasis-LP zu beginnen. Diesmal sollte Owen Morris produzieren, Supervisor unter anderem von Verve, weil er Noels Ansicht nach der geeignete Mann schien, das Aufrührerische, Ungestüme von »Definitely Maybe« zurückzunehmen zugunsten einer mehr sensiblen, melancholischen Stimmung. Als Produktionsstätten wählte man die Rockwell Studios in Gwent, Süd-Wales – vor allem deshalb, weil es eine der wenigen war, in denen der als Choleriker verschriene Morris kein Hausverbot hatte.

Eingedenk der Wichtigkeit des zweiten Albums, das gemeinhin über Wohl oder Übel einer Band entscheidet, ging man ausnahmsweise auch konzentriert zur Sache. Noel und Morris tüftelten oft 18 Stunden pro Tag, derweil die anderen, wie Liam erzählt, »die ganze Zeit im Pub saßen« und nur dann und wann zum Einspielen ihrer Parts ans Mikro geholt wurden; innerhalb von 14 Tagen waren sechs Songs im Kasten.

Grund genug für Liam, einen freien Tag, an dem Noel einen Ausflug aufs Land unternahm, zu einem kleinen Umtrunk zu nutzen – der jedoch erwartungsgemäß in ein großes Besäufnis ausartete. Bei seiner Rückkehr findet Noel »das halbe verdammte Kaff« im Studio versammelt. und mit seinen 30.000 Pfund teuren Gitarren rumspielen. Als ihn dann auch noch einer der Betrunkenen um Taxigroschen anhaut, platzt ihm vollends der Kragen, und er prügelt die ungebetenen Gäste respektive Liam mit einem Cricket-Schläger in die Flucht. Während der anschließenden Standpauke droht er den Jungs erneut, die Band sofort aufzulösen, wenn sie sich nicht endlich wie erwachsene Männer benehmen würden.

Hey, missed my tambourine, man!; Glastonbury 1995, © Melanie Cox

Offenbar fanden seine Worte Gehör. Pünktlich zu Noels 28. Geburtstag, am 29. Mai 95, geht im Creation-Büro die Vollzugsmeldung ein: Bis auf ein paar finale Cuts, die Noel und Morris ein paar Wochen später in den Londoner Abbey Road Studios besorgen wollen, ist das Album fertig. Es sollte »(What's The Story) Morning Glory« heißen – ein Wortspiel, das Noel in einer kaum bekannten Soul-Nummer aus den Sechzigern gefunden hatte.

Take That And Party

In England, aber auch anderswo, gab im Sommer 1995 Techno den Ton an. Das gigantische »I Wanna Be A Hippie« von Technohead brachte der Bewegung den endgültigen Durchbruch in den internationalen Hitparaden: In Berlin fanden sich 200.000 Raver zum bis dahin größten Techno-Happening der Welt ein, und während vielerorts griesgrämig die Entmenschlichung der Pop-Musik beklagt wurde, bewiesen neue Platten von Björk, Tricky Kid und vor allem Goldie, daß High-Tech und emotionale Intensität einander keineswegs ausschließen müssen.

Oasis und ihr traditionelles Line-up liefen dem nur scheinbar zuwider. Zwar begrüßten gerade die Altvorderen unter den Kritikern die Band als erfreulichen Gegentrend, übersahen dabei jedoch völlig, daß zu Oasis-Konzerten die gleichen Jugendlichen strömten wie zu den großen Techno-Raves. Und tatsächlich lassen sich da weitaus mehr Gemeinsamkeiten als Unterschiede finden – sowohl musikalischer als auch ideologischer Natur. Beides, Techno wie die Musik von Oasis, hat denselben musikalischen Ausgangspunkt: Raving Madchester und den historischen Schulterschluß zwischen Dancefloor und Independent, die, wie der *Spex*-Autor Hans Nieswandt schrieb, »bruchlose Vereinigung« der bislang unvereinbaren Kid-Bedürfnisse des In-die-Disco-Gehens und In-einer-Band-Seins. Und auch die transportierte Haltung ist in beiden Fällen dieselbe – ein vom letztlichen Versagen der 68er geprägtes, zwischen Melancholie und Arroganz pendelndes *Fuck You!* mit der Botschaft: Die Welt geht unter, aber laßt uns bis dahin noch mal richtig Spaß haben! Es gehört bis heute zu den ganz großen Mißverständnissen im Pop, daß sich Oasis auf irgendwelche Wurzeln des Rock zurückbesännen oder sonstwie retro seien. Oasis haben mit retro nichts zu tun! Wie die Techno-DJs sind sie Kinder der Postmoderne: Einer wie Noel Gallagher braucht halt keinen Sampler, um aus den Versatzstücken der Geschichte aufregende neue Musik zu schaffen.

Gleichermaßen erschöpft und gereizt von den Aufnahmen in Wales, geriet der Auftritt von Oasis auf dem Festival in Glastonbury zu einem mittleren Flop. Einmal mehr legte sich Liam mit Stage-Divern an und war schon nach dem ersten Song so genervt, daß er in die Menge raunzte: »Are you gonna fucking behave yourself or what?« Und der von Fieber geplagte Noel hatte trotz Sommerhitze vom Arzt einen Dufflecoat verschrieben bekommen – was allerdings nicht nur seinen Schweiß trieb, sondern auch den Absatz von Dufflecoats im Königreich; bis zum Jahresende vermeldeten die Händler um 20 Prozent Zuwachs. Nach nur drei Songs verließ die Band schon wieder die Bühne, darunter erstmals »Roll With It« und »Hello«, wobei das einzig bemerkenswerte der mitjammende Robbie Williams war, der damit seinen Rauswurf bei Take That besiegelte – und seither bei jedem öffentlichen Streit zwischen den Gallaghers von der Presse als mutmaßlicher Nachfolger von Liam ausgerufen wird. Den Ärger über den miserablen Auftritt bekam später mal wieder das Hotel ab, wo sich die Jungs mit einer Gruppe von Gästen anlegten, die sich verhängnisvoller Weise als Rugby-Team entpuppte.

Battle Of Bands – Oasis vs Blur

Es kann nur gerätselt werden, warum sich Noel dazu entschloß, den Titel »Roll With It« als Vorabsingle des neuen Albums zu bestimmen, eine mäßig spannende Mid-Tempo-Nummer mit T-Rex- und Status-Quo-Anleihen, die im Vergleich zum Rest der Songs eher abfiel. Kann sein, daß er mit Zeilen wie »You gotta say what you say/Don't let anybody get in your way« die indifferente Aussage von »Some Might Say« relativieren wollte; kann sein, daß er sich nach einer durchschnittlichen Single einen um so größeren Paukenschlag mit der nachfolgenen LP erhoffte. Jedenfalls war das Beste an »Roll With It« das von einem Traum von Noel inspirierte Cover, das die fünf fernsehenderweise an einem einsamen Strand zeigte. Und der Song wäre wohl über die unteren Ränge der Top 20 nie hinausgekommen – wenn nicht Blur angekündigt hätten, ihre neue Single »Country House« am selben Tag zu veröffentlichen.

Denn was lediglich als kleiner Treppenwitz gedacht war, entfesselte einen Pop-Krieg, der einen Sommer lang das ganze Königreich in Aufruhr versetzte. Oasis gegen Blur, das hatte mehr Brisanz als Tories gegen Labour und Charles gegen Di; und keine Zeitung kam ohne »Blur vs Oasis«-Feature aus. Wobei es in den seltensten Fällen um Musik ging, sondern um »Arroganz, Witz, Wahnsinn, Kinks-Referenzen, Cockney-Akzent und Union Jack pro Quadratzentimeter« *(Süddeutsche Zeitung)*. Blur oder Oasis war mehr. Blur oder Oasis, das war plötzlich auch die Frage nach Nord oder Süd, arm oder reich, nach feiner englischer Art oder Prol-Kultur, nach Bourgeoisie oder Working Class, nach Fred-Perry-Polo oder Man-City-Shirt; die Rivalität zweier Pop-Bands schien die Nation in längst überwunden geglaubte Zeiten des Klassenkampfes zurückzuversetzen. Natürlich ging es auch längst nicht mehr darum, wer wohl höher in die Hitparade einsteigen würde, sondern wer auf Platz eins und wer auf Platz zwei.

Blur gewannen das Rennen um eine Nasenlänge, obwohl auch Oasis in der Woche zwischen dem 14. und dem 26. August 95 so viele Singles verkauften wie sonst keine Band in über zehn Jahren. Eine Niederlage, die die Jungs empfindlicher traf, als sie zuzugeben bereit waren. Der selbst von den TV-Nachrichten der BBC verbreiteten Meldung über den Ausgang der »Battle of Bands« folgte jedenfalls ein desaströser Auftritt bei »Top Of The Pops«, mit einem sturztrunkenen und kaum des Spielens fähigen Noel, der in einem anschließenden Interview Blur »eine Bande von Mittelklasse-Wichsern« schimpft. Bereits am Abend zuvor war Liam während eines Konzerts von Ash auf einen *NME*-Reporter losgegangen, weil er dessen Blatt der Stimmungsmache für Blur verdächtigte.

Doch es kam noch schlimmer. Als Noel während einer Japan-Tour von einem Korrespondenten des *Observer* auf Blur angesprochen wird, entfährt ihm die Äußerung: »Mit dem Gitarristen komme ich gut aus. Den Schlagzeuger kenne ich nicht, aber er soll ein netter Kerl sein. Dem Bassisten und dem Sänger jedoch wünsche ich, daß sie sich Aids einfangen und sterben, denn ich hasse die beiden.«

Drehte der Mann durch? Es war eine schwierige Phase. Blur hatten die bis dahin selten über Koketterie hinausgehende Fehde zum beinharten Wettstreit ausgeweitet, der, gepuscht durch falsche Zitate und verzerrte Darstellungen in den Medien, eine Eigendynamik annahm, die von den Bands irgendwann nicht mehr steuerbar war. Und der coole und besonnene Noel schien nur schwer mit dem Gedanken fertig zu werden, daß seine Band nicht mehr uneingeschränkt ihm gehörte, und wie sehr er und die Jungs inzwischen zu Geschöpfen der Presse und der Öffentlichkeit geworden waren.

Eine Woche später druckte der *Melody Maker* einen offenen Brief von Noel Gallagher: »Ich möchte mich bei allen entschuldigen, die sich durch meinen Kommentar bezüglich Damon Albarn und Alex James gekränkt fühlen. Die Bemerkung war unüberlegt, und sie fiel auf dem Höhepunkt eines heftigen Gefechts zwischen den beiden Bands, als ich im Verlauf eines einzigen Interviews zum ungefähr fünfzigsten Mal nach meiner Meinung zu Blur gefragt wurde. Natürlich war ich mir über die Dummheit dieser Äußerung sofort im klaren, denn Aids ist nichts, worüber man Witze macht. Deshalb habe ich mich umgehend korrigiert. Zu meinem Entsetzen las ich meine Worte trotzdem in der Zeitung. Jeder, der mich kennt, weiß, daß sich HIV-Infizierte und AIDS-Kranke meiner Solidarität sicher sein können, ebenso wie ich mich seit jeher für Vorsicht gegenüber der

Krankheit AIDS und dem HIV-Virus einsetze. Obwohl ich ihre Musik nicht mag, wünsche ich beiden, Damon und Alex, ein langes und gesundes Leben.«

Seine öffentliche Kreuzigung konnte er damit freilich nicht verhindern. Denn egal in welchem Zusammenhang und aus welcher Situation heraus sie gemacht wurden, derlei Ungeheuerlichkeiten verdarben auch dem wohlwollendsten Zeitgenossen den Appetit. Ein Sturm der Entrüstung fegte durch Britannien und mit etwas Verspätung auch durch den Rest Europas. Und nicht nur für die deutsche *Woche* waren Oasis nach der Niederlage an den Kassen nun auch »die moralischen Verlierer« im britischen Pop-Krieg. In *Q* gestand Noel später: »Selbst meine Mutter rief an und meinte, sie hätte mich nicht auf die Welt gebracht und großgezogen, damit ich solche Sachen sage. Die ganze Welt stürzte auf mich ein. Und wenn ,our kid' nicht gewesen wäre, ich weiß nicht, was ich getan hätte. Lian meinte nur: ›Okay, du hast etwas Dämliches gesagt.‹ Dann nahm er mich in seine Arme und flüsterte: ›Alles wird gut‹. Aber ich glaube nicht, daß mir die Leute das jemals verzeihen werden.«

Zumindest damals sah es eine Zeitlang tatsächlich so aus, als würden Noel Gallagher und seine Band nie mehr ein Bein auf den Boden kriegen. Sinead O'Connors Karriere war ruiniert, nur weil sie vor laufenden Kameras ein Photo des Papstes zerriß, der italienische Fußballer Toto Schilacci war für immer untendurch, nachdem er einem Gegenspieler mit der Mafia gedroht hatte – doch noch nie hatte ein Star einem anderem öffentlich den Tod gewünscht.

Noch immer geschockt von dem Skandal um das *Observer*-Interview trat Noel in der ersten Septemberwo-

Come together: Noel mit Paul McCartney, Paul Weller und Johnny Depp, September 1995 bei der Präsentation des Help-Samplers; © Rex Features, London

che in den Abbey-Road-Studios an, um zwei Songs für den von der Bosnien Hilfsorganisation War Child initiierten Sampler »Help« einzuspielen. Nicht nur um Abbitte zu leisten, sondern auch weil illustre Mitspieler auf ihn warteten: Auf einer akustischen Version von »Fade Away« begleitete ihn der Schauspieler Johnny Depp an der Rhythmusgitarre, und für eine Neufassung des Beatles-Hits »Come Together« fand er sich in einem Team zusammen mit den Britpop-Legenden Paul Weller und Paul McCartney.

Doch der Stolz über derlei prominente Gesellschaft wich bald schon neuem Ärger: Unmittelbar vor der großen Promo-Tournee für das neue Album meldete sich Guigsy mit schweren Erschöpfungserscheinungen ab. Und Noel mußte sich einmal mehr um kurzfristigen Ersatz bemühen. Eine Verkettung glücklicher Zufälle und der Einsatz des ehemaligen Stone-Roses-Managers Gareth Evans brachte die Jungs schließlich auf Scott McLeod, Gitarrist der Band The Ya Yas, der einen Tag vor Tourbeginn seinen neuen Job antrat.

Morning Glory

In der ersten Oktoberwoche 95 stand endlich »(What's The Story) Morning Glory« in den Läden, und es war das Meisterwerk, mit dem keiner gerechnet hatte. Natürlich gab sich die britische Pop-Journaille angesichts der vorausgehenden Turbulenzen diesmal prosaischer als gewohnt. Fast ein wenig verlegen streute *Q* hier und dort ein kleines »brillant« in seine Besprechung ein, der *Melody Maker* rang sich immerhin ein »gelegentlich grandios« ab. Doch obwohl Oasis für jedermann zum Abschuß freigegeben waren, wagte es niemand, deutliche Kritik an »(What's The Story) Morning Glory« zu üben. Zu groß war der Verdacht, daß es sich bei der Platte um einen unsterblichen Klassiker handeln könnte.

Die unbefangenen Amerikaner taten sich da leichter als ihre Pendants in den Redaktionen britischer Magazine. Der mächtige *Rolling Stone* kriegte sich kaum mehr ein vor Begeisterung über solcherlei »gloriosen Pop«, die *Los Angeles Times* erhaschte gar einen Blick auf »die Beatles, so wie sie klingen würden, wenn es sie noch gäbe«.

Nachdem »Definitely Maybe« doch noch ein wenig unbedarft daherkam, war »(What's The Story) Morning Glory« schon um ein vielfaches abgebrühter, wenn nicht gar verblüffend perfekt. Kein Schritt nach vorne, son-

71

dern ein Sprung – von »Please Please Me« zum weißen Album in einem Jahr. Mit »(What's The Story) Morning Glory«, das darf inzwischen guten Gewissens so gesagt werden, gelang Oasis das, woran Armeen von Hypes vor ihnen gescheitert waren: ganz bestimmt nicht die Zukunft des Rock'n'Roll – aber das große, klassische Popalbum der Neunziger Jahre »(What's The Story) Morning Glory« war Pop pur, Pop total, Pop in all seiner Fülle und Pracht: Mal voll ungezügelter Leidenschaft wie bei »Hello« oder dem Titelstück »Morning Glory«, mal voll schwärmerischer Romantik wie bei »Don't Look Back In Anger« und »Cast No Shadow«, oft genug auch einfach nur charmant und spleenig wie bei »She's Electric« und »Champagne Supernova« und in allen Fällen hemmungslos brillant.

Und es war nicht nur Noels kompositorische Meisterschaft, die den Reiz das Albums ausmachte, sondern das Können der ganzen Band: Erdrückten die Lads noch beim Erstling vieles am großen Soundwall, so spielten sie nun differenziert und melodiedienlich und transportierten die Musik geradewegs ins Hirn der Zuhörer. Auch in Liams Stimme fanden sich erstmals subtile Untertöne, wenngleich sein cooles und immer irgendwie über den Dingen stehendes Näseln selbst Balladen wie »Wonderwall« vor dem Abdriften in melodieselige Putzigkeit bewahrte. »(What's The Story) Morning Glory« war Pop, der nichts anderes sein wollte als Pop – und keinen anderen Anspruch hatte als den vornehmsten: nämlich jeden, der es hört, zu einem besseren Menschen zu machen.

Und es wurde ein gewaltiger, ein gigantischer Erfolg: Wie eine Rakete düste die Platte in die Charts, ließ

Blurs »The Great Escape« links liegen und war bis weit über das Jahresende hinaus nicht vom Spitzenplatz zu verdrängen. Überdies erreichte es in beinahe allen Ländern der zivilisierten Pop-Welt mindestens Goldstatus – und brachte Oasis letztlich auch dorthin, wo seit Menschengedenken keine englische Band mehr gestanden hatte: in die amerikanischen Top-three. Bis Juni 1996 verkaufte sich »(What's The Story) Morning Glory« weltweit fast achtmillionenmal und ist damit, neben »Stars« von Simply Red, die meistverkaufte britische Produktion der Neunziger Jahre.

Spätestens Mitte Oktober 95 sprach kein Mensch mehr von Noels Aids-Entgleisung und nur noch ganz wenige von Blur. Da tat es dem Erfolg auch keinen Abbruch, daß Scott McLeod schon nach wenigen Wochen und inmitten einer ausgedehnten USA- und Kanada-Tour das Handtuch warf und die Jungs einen Auftritt in der David-Letterman-Show als Quartett bestreiten mußten, mit Bonehead am Baß. Rechtzeitig zur wichtigsten Show des Jahres war ohnedies Guigsy dann wieder fit: Am 4. und 5. November 1995 spielten Oasis im Londoner Earl's Court vor insgesamt 40.000 Fans – und erst hinterher wurde ihnen bewußt, daß es der größte Hallen-Gig war, den Europa jemals gesehen hatte.

7.

Oasismania

Die größte Show der Welt

Es klingt unglaublich und wie ein Wunder, doch das
Guiness-Buch der Rekorde kann nicht irren: Mitte der
neunziger Jahre schafft es eine konventionelle Pop-Band,
die nicht The Rolling Stones heißt, eine Menschenmenge
von der Größe einer veritablen Kleinstadt in eine Musi-
karena zu locken: 20.000 kommen am Samstag, und
20.000 kommen auch am Sonntag, um fünf Jungs bei red-
lichem Handwerk zuzusehen – und den Londoner Earl's
Court zum Schauplatz des größten Hallenkonzerts seit
Erfindung des Baßverstärkers zu machen. Nicht schlecht
für eine Band, die erst 18 Monate zuvor ihre erste Single
veröffentlicht hat. Nicht schlecht auch für eine Band, die
weder 150 bpm produziert, noch die neuesten Errungen-
schaften der pyrotechnischen Industrie auffährt.

Nichts von alldem wird es jemals bei Oasis geben –
und nichts von alldem wird man jemals bei Oasis ver-
missen. Und wenn als äußerstes Zugeständnis an die
moderne Technik doch mal irgendwo eine Videolein-
wand aufgezogen wird, dann nicht als »Zoo-TV«, sondern als Service für die Fans in den hinteren Reihen.
Nein, ein Oasis-Konzert ist nichts außer der puren Fas-
zination von fünf Jungs und ihrer Musik auf fünfzig
Quadratmetern Bühne.

Es ist fast überflüssig zu sagen, daß Oasis selbst im Earl's Court nicht mit einem formidablen Hit einsteigen, so wie das bei anderen üblich und nützlich ist, sondern mit dem rätselhaften Instrumental »The Swamp Song«, das dann übergeht in »Acquiesce«, eine B-Seite. Das können sie sich erlauben, denn Oasis machen großartige, geradezu verschwenderisch gute B-Seiten, und »Acquiesce«, in Amerika unter dem Eindruck des Simpson-Prozesses geschrieben, wurde in einer weltweiten Internet-Umfrage immerhin zum achtbesten Oasis-Song überhaupt gewählt. Im Grunde ist der provozierend unspektakuläre Einstieg jedoch nur ein weiterer Audruck ihrer Verachtung gegenüber jeglicher Form von »Show«. Oasis, sagt Liam, liefern »proper songs for proper money«. Und was du siehst, ist was du kriegst. Vom ersten Song bis zum letzten.

Dabei ist Liam Gallagher der vermutlich einzige Popstar von Rang, der Massen in Extase versetzt, Tränenausbrüche verursacht, Ohnmachtsanfälle provoziert – dadurch, daß er einfach nur rumsteht. Andere rackern sich ab, führen Veitstänze auf, zahlen Unsummen für Choreographen. Liam dagegen steht das ganze Konzert über am selben Fleck, wobei seine inzwischen typische Haltung – leicht nach vorne gebeugt, die Hände hinterm Rücken verschränkt – beinahe schon zur klassischen Rock'n'Roll-Pose geworden ist. Nicht ausgeschlossen, daß er damit dereinst in einer Reihe stehen wird mit dem hüftschwingenden Elvis und den pilzkopfschüttelnden Beatles.

So nimmt dieser ganz und gar wundersame Abend seinen Lauf: In einer Halle, die sonst eher Küchenausstellungen und Automessen vorbehalten ist und mühe-

Tune it up, Guigsy!, © Kim Tonelli/S.I.N.; Paul McGuigan …

... und Liam am Videoset von »Roll with it«, Juli 1995; © Kim Tonelli/S.I.N.

los auch für Hubschraubertestflüge genutzt werden könnte, zelebrieren Oasis neunzig Minuten lang eine neue und verblüffende Art von Nichtshow. Und eine Quadratmeile Menschen gerät komplett aus dem Häuschen. Nicht daß hier faule Abzocke betrieben würde, auch die kühl kalkulierte Heimeligkeit Phil Collins'scher Prägung liegt dieser Band völlig fern. Ein Oasis-Konzert ist vielmehr die Reduktion der Coolness auf ihre Essenz. Jedes übertriebene Gehabe, jeder kunstvolle Lichteffekt, jedes schwebende Gummischwein würde die Songs nur unnötig auf eine artifizielle Ebene heben – so aber nehmen diese in ihrer puren Wucht vom Zuhörer Besitz. Und selbst solch abgedrehte Lyrics wie die von »Champagne Supernova« werden für eine kurze Zeit zu einer Art kollektivem Selbstverständnis: »Some day you will find me/Caught beneath the landslide/In a champagne supernova in the sky«. Was in einer Halle von den Ausmaßen eines Flugzeughangars zugegebenermaßen ein bißchen was Gespenstisches hat.

Es ist überhaupt erstaunlich, wie sehr manche Songs von Oasis schon zum Allgemeingut geworden sind. Und nicht nur die Hits »Wonderwall« und »Don't Look Back in Anger«, die ja inzwischen schon ins Repertoire jedes besseren Straßenmusikanten Eingang gefunden haben – auch »Live Forever« zwingt sich einem mit jedem Hören mehr die Frage auf, wie eigentlich das Leben ohne diesen Song war. Kann es sein, daß wir zu einer Zeile mit dem Titel »I Hate Myself And Want To Die« gemosht haben? Kann es sein, daß unsere Eltern noch immer ausflippen, wenn sie »I Can't Get No Satisfaction« hören? Derlei Klagen sind bei Oasis vollkommen abwegig, die einzige Forderung, die sie ans Leben stellen, lautet: »Give me gin & tonic« – wobei die Zeile »I'm feeling supersonic« nicht hinterher –, sondern vorausgeschickt wird. Spaß und Satisfaktion gehören für Oasis quasi zu den Geburtsrechten.

Natürlich fragt man sich gelegentlich, woher die Jungs ihren grenzenlosen Optimimus nehmen. Über den von *Spex* und geistesverwandten Kulturpessimisten gehegten Vorwurf, sie würden »ohne einen Funken Restrebellion« auskommen, sind sie jedoch, zumindest an diesem Abend, vollkommen erhaben. So gibt es immer wieder diese Momente, in denen Liam scheinbar nicht genau weiß, was er gerade tun oder sagen soll, nur um dann spontan und in einer Mischung aus hemmunglsoser Selbstsucht und leichter Entrücktheit die Finger zum Victory-Zeichen zu spreizen. Und da ähnelt er auf verblüffende Weise dem jungen Marlon Brando in dem Film »Der Wilde«, wenn er auf die Frage, gegen was er denn eigentlich rebelliert, mit einer schlichten Gegenfrage antwortet: »Was hast du anzubieten?«

Vermutlich gehört es zu den Erfolgsgeheimnissen von Oasis, daß sie ihre Rebellion ohne Sache ernsthaft und bar jeglichen Anflugs von Ironie betreiben. Ironie ist sowieso immer das Ende von Pop. So ist das inzwischen rituelle Unplugged-Intermezzo von Noel Gallagher, um das es anfangs viel Streit gab in der Band und das Liam noch immer eher mißmutig beäugt, der mystische Höhepunkt jedes Auftritts: Da herrscht plötzlich eine seltsame Ruhe im Saal, und auf der Bühne hockt nur ein einsamer Barde, der leise, aber voller Leidenschaft vom Leben erzählt. Doch so intim und weihevoll der Augenblick, so simpel ist die Moral des Ganzen – denn trotz klassischer Singer/Songwriter-Pose, normalerweise letzten Fragen vorbehalten, hat der Mann im wesentlichen eins zu sagen: Lebe schnell, sterbe jung, und »whatever you do, you know it's allright«. Glaubhafter kann man Rock'n'Roll nicht darbieten.

Die 20.000, darunter Zelebritäten wie Neil Tennant, Jarvis Cocker und Keith Flint von The Prodigy, danken es der Band mit frenetischem Jubel. Liam entwischt sogar ein seltenes Lächeln, als man bereits die ersten Akkorde von »Don't Look Back In Anger« zum Anlaß nimmt, um zum Massenkaraoke anzusetzen. Bei »I Am The Walrus« erreicht der Geräuschpegel endgültig den eines startenden Düsenflugzeugs. Zu »Rock'n'Roll Star« schließlich, der Zugabe, versinkt die Halle in kollektivem Taumel. »You're not down with who I am/Look at you now/You're all in my hands tonight …«

Oasis feiern den größten Triumph ihrer Karriere. Und der *NME* wird später schreiben: »Selbst wenn es ›nur‹ darum geht, die Leute daran zu erinnern, warum sie Rock'n'Roll lieben, dann tun dies Oasis besser als jeder andere in den letzten zwanzig Jahren.«

Roll With It

Mit der Nachricht, daß »Wonderwall« auf Platz drei der britischen Hitparade eingestiegen ist, während es die neue Single von Blur nicht mal in die Top-ten schaffte, starteten die Jungs einen erneuten Trip durch die Vereinigten Staaten. Und auch dort brachen nun endlich die Dämme: Mitte Dezember war »Wonderwall« in den amerikanischen Top 20 und »(What's The Story) Morning Glory« anderthalbmillionenmal über die Ladentheken gegangen; selbst »Definitely Maybe« feierte ein Come-

Roll with it, © action press

back in den überseeischen Bestsellerlisten. An Weihnachten nahmen die frohen Botschaften dann gar kein
Ende mehr: »Wonderwall« hatte, wiewohl erst am
30.Oktober erschienen, nicht nur Rang eins sämtlicher
Leserumfragen und immerhin noch Rang zwölf der offiziellen Jahrescharts erreicht – sondern überdies auch
Noels Ex-Freundin Meg, für die der Song auch bestimmt war. (Das Cover der Single zeigt übrigens ein
frühes Photo von Meg.) Da sah man sogar gelassen darüber hinweg, daß der Spaßvogel Mike Flowers ein pa-
tinös-beschwingtes Remake von »Wonderwall« lancierte,
so tat, als sei es das Original und auf dem Weg zum be-
gehrten Weihnachts-Spitzenreiter erst vom gemeinsamen
Feind Michael Jackson gebremst werden konnte.

Aus Dankbarkeit für das mit Abstand erfolgreichste Jahr in der Geschichte von Creation Records schmiß jedenfalls Alan McGee zu Ehren von Oasis eine gewaltige Weihnachtsparty im Halycon Hotel, das dabei auch ausnahmsweise mal unversehrt blieb. Letzteres vor allem deshalb, weil die Jungs hinreichend mit ihren generösen Geschenken beschäftigt waren: Bonehead bekam eine Rolex, Alan einen Mini Cooper, Liam eine Gitarre und Guigsy eine Hantel samt Jahresabonnement für ein Fitneßstudio. Noel schließlich wurde mit verbundenen Augen nach draußen geführt – wo er sich vor einem nagelneuen braunen Rolls Royce Corniche wiederfand. Die Probefahrt mußte allerdings vorerst verschoben werden; Noel hatte noch gar keinen Führerschein.

So ging ein turbulentes Jahr zu Ende, und Liam konnte zufrieden vom Cover des *Melody Maker* blicken und resümieren: »1995 wollte ich alles, und ich habe das meiste davon bekommen.«

Der Rest war aber auch nicht mehr weit.

Brüder in Waffen

Die Geschichte von Oasis ist eine kurze, aber heftige. Es ist eine Geschichte von gebrochenen Rekorden und gebrochenen Mädchenherzen, von vollen Konzertsälen und leeren Hotelbars, vor allem aber ist es eine Geschichte von Liebe und Haß zweier ungleicher Brüder. Es würde den Rahmen diese Buches sprengen, jedes blaue Auge zu dokumentieren, das Noel »Our Kid ab und zu verpassen muß, damit er Ruhe gibt«, und jedes *Fuck you!,* das Liam auf der Bühne in Richtung seines Bruders wirft. Andererseits gehört es zu Oasis wie die Zahl der verkauften Platten. Für Liam, den Heißsporn, ist eine zertrümmerte Hotelbar im Zweifelsfall ein größerer Triumph für den Rock'n'Roll, als irgendein Gig es sein könnte. Für Noel, das Genie, ist vor allem die Musik Forum des Aufruhrs. Womöglich liegt gerade in diesem Spannungsfeld aus Impulsivität auf der einen und Disziplin auf der anderen Seite eine der wesentlichen Antriebskräfte dieser Band.

In *The Face* erzählte Noel einmal: »Liam ist jung, er ist total auf dem Trip, und er nimmt den Mund sehr voll zur Zeit. Er ist ein genialer Frontmann und für nichts anderes geboren. Aber an sich wünscht er, er wäre ich. Das war schon immer so.« Liam hingegen sieht die Sache so: »Ich weiß, er redet Scheiße. Also komm mir nicht mit diesem Gewichse von Bruderliebe. Er ist ein trauriger Klemmi, der am liebsten mit alten Knackern rumschrammt. Zum Glück bin ich nicht so.«

Es gab diverse ebenso stürmische wie fruchtbare Paarungen von Genie und Wahnsinn: Morrissey und Marr von den Smiths etwa oder auch Townsend und Daltrey von The Who – einer hatte die Ideen, der andere das Charisma, einer sorgte für den Sound, der andere für nasse Höschen.

Auch die Tradition ungleicher Pop-Brüder ist eine lange. Da gab es Ron und Russel Meal von den Sparks, Gary und Martin Kemp von Spandau Ballet. Von den Brüdern Ray und Dave Davies ist bekannt, daß sie es auf Tournee nicht mal im selben Hotel aushielten. Die Everly Brothers besiegelten sogar auf offener Bühne ihre Trennung, als Phil seine Gitarre auf dem Kopf von Don zertrümmerte. Solo hat es freilich keiner je zu was gebracht – da immer einer genau das hatte, was dem anderen fehlte, und umgekehrt, die Brüder also nur gemeinsam funktionierten.

So ähnlich ist es bei den Gallaghers. Wobei das Geschwistertum natürlich auch noch einen anderen wichtigen Aspekt birgt: die Seelenverwandtschaft. Nicht daß Noel oder Liam dergleichen jemals zugeben würden. Aber immerhin ist der folgende Dialog überliefert. Liam: »Ich würde niemals andere Songs singen außer deinen und denen von John Lennon«. Noel: »Ich würde niemals jemand anderen meine Songs singen lassen, außer dir und John Lennon«.

Kein Schlaf bis Maine Road

1996 begaben sich die Gallaghers und ihre Freunde erst mal auf vertrautes Terrain: in Schwierigkeiten. Das erste Gastspiel von Oasis in München, Mitte Januar, war ohne Rücksprache mit dem Band-Management in eine andere Halle verlegt worden, weil sich die Konzertagentur dadurch mehr Einnahmen erhoffte. Da Oasis aber unter anderem einen Quadrophonie-Effekt ausprobieren wollten, der für die größere Halle nicht geeignet, diese jedoch mittlerweile ausverkauft war, stand man vor einem ziemlichen Dilemma: Denn entweder blies man den Gig gleich ab – oder man spielte, wie vorgesehen, in der kleineren Halle, sperrte aber dafür tausend zahlende Gäste notgedrungen aus. Nach langem Überlegen entschied man sich für die zweite Variante und lies nur diejenigen zur Show zu, die ihr Ticket bereits vor Weihnachten gekauft hatten – was erwartungsgemäß zu tumultartigen Szenen vor den Einlaßtoren führte. Auch das Konzert selbst fand in einer seltsamen

Atmosphäre statt. Zwar erfüllte »Hello« den ehemaligen Münchner Flughafen sofort mit seiner Energie, und als man bei der letzten Nummer, einer umwerfenden Version von »I Am The Walrus« anlangte, waren dreitausend Zuhörer längst in ein Stadium ekstatischer Euphorie eingetreten. Im Vergleich zu den Auftritten in Hamburg und Berlin im vorangegangenen November jedoch gaben sich Oasis an diesem Abend lustlos bis befremdet; und seit langer Zeit ging mal wieder ein Gig ohne Zugabe zu Ende. (Ein Zusatztermin Ende Februar versöhnte jedoch alle wieder: die Zukurzgekommenen mit Oasis und Oasis mit München.)

Erfreulicheres gab es aus dem Nordwesten Englands zu berichten, wo die Band in der dritten Januarwoche in der Nähe von Newcastle zum erstenmal wieder auftrat, seitdem Noel im Sommer 1994 von einem Bühnen-Piraten niedergeschlagen wurde. Doch trotz eines verpatzten Anfangs und einer ominösen Billardkugel, die von irgendwoher auf die Bühne geflogen kam, nahm die Sache einen ebenso friedlichen wie erfolgreichen Ausgang. Noel und Liam waren gar so guter Laune, daß sie anderntags nach Glasgow reisten, um ein Konzert einer Truppe namens The Gallaghers zu besuchen, die sich gerade mit fünf unter dem Namen Nowaysis firmierenden Jungs das Rennen um die beste Oasis-Tribute-Band lieferte. Nachdem Liam hinterher sogar noch mit seinen Namensvettern was trinken war und einen Gastauftritt versprach, konnten The Gallaghers fortan immerhin mit dem Slogan werben: »Liam saw us first.« Nowaysis konterten: »But we've got the eyebrows.«

Die Originale bauten inzwischen ihre Rekord-Sammlung aus: Ein für Ende April angekündigtes Open-air an der Maine Road, der 40.000 Menschen fassenden Arena der geliebten Kicker von Manchester City, war in knapp zwei Stunden ausgebucht – das heißt, daß sich theoretisch fünf Karten pro Sekunde verkauft haben mußten. Als man für ein zweites Konzert an gleicher Stelle zusätzlich einen telephonischen Bestellservice einrichtete, brachen binnen kurzer Zeit sämtliche Leitungen zusammen. Vergleichbares hatte es selbst bei stadionerprobten Supergruppen nie gegeben.

Auch der Reliqienschrein im Hause Gallagher mußte erweitert werden: Bei der Vergabe der Brat-Awards kassieren Oasis alle vier Hauptpreise – als beste Band des Jahres und für das beste Album »(What's The Story) Morning Glory«, »Wonderwall« wurde als beste Single ausgezeichnet und der Auftritt im Earl's Court als beste Live-Performance. Wobei es sich Noel nicht nehmen ließ, ein für allemal Rache zu nehmen für die von ihm noch immer als solche verstandene *Observer*-Verschwörung: So schickte er der Dankesrede an seine Mutter und alle anderen Väter des Erfolges die Bemerkung hinterher: »Es ist schwer, bescheiden zu sein in einem Moment wie diesem, also versuche ich es erst gar nicht. Ihr seid allesamt Scheiße.«

Auch in der zwei Wochen später folgenden Brit-Awards-Nacht stehen die Jungs im Mittelpunkt nicht nur der Zeremonie, sondern naturgemäß auch der Kontroverse. Wieder gehen vier Trophäen an Oasis, und diesmal laufen die Jungs, zumal in kundiger Earl's-Court-Atmosphäre, zu ganz großer Form auf. Zunächst brüskiert Liam den INXS-Sänger Michael Hutchence, als er einen von ebenjenem ausgehändigten Preis mit den Worten entgegennimmt: »Absteiger sollten keine Preise an Aufsteiger überreichen.« Später führt er den Rest der Band außerplanmäßig durch eine stürmische Nummer mit dem Titel »Shitelife«, die verdächtig an den Blur-Hit »Parklife« erinnert und sich wohl nur deshalb nicht zum Skandal ausweitet, weil der unmittelbar danach folgende, inzwischen legendäre Auftritt von Jarvis Cocker bei Michael Jacksons *Earth Song* das Ganze noch mal toppen kann.

Ende Februar 96 erschien zur Abwechslung wieder eine neue Platte. Und endlich erhielten auch Oasis die ebenso seltenen wie langersehnten Weihen, eine Single von Null auf Platz eins der Bestsellerlisten katapultiert zu haben. Was vor allem deshalb eine Kunstübung war, als es sich bei dem von Noel gesungenen Stück »Don't Look Back In Anger« um eine Auskoppelung aus der mittlerweile ein halbes Jahr alten LP handelte, die überdies noch immer an der Spitze der Album-Charts stand. Gleichwohl war es der vermutlich schönste Song von »(What's The Story) Morning Glory« und einer der aufregendsten von Oasis überhaupt. Nicht nur wegen seiner makellos schönen Melodie, sondern auch wegen der vielen, kleinen textlichen Finessen – vom Verweis auf Noels großes Idol John Lennon (»So I start a revolution from my bed«) über den eingangs bereits erwähnten Gruß an Ma Peggy Gallagher (»Stand up besides the fireplace/Take that looks off from your face«) bis hin zu einem Seitenhieb auf Nirvana und Kurt Cobain (»Please don't put your life in the hands/Of a Rock'n'Roll band/Who'll throw it all away«). Nur die im Refrain besungene Sally gibt den Fans noch immer Rätsel auf. Auch wenn Noel schon im Oktober 1995 in einem Interview mit *Loaded* klarstellte: »Vergiß es, Mann! Ich kenne niemanden, der Sally heißt. Und ich habe auch nie in meinem Leben ein Mädchen getroffen, das Sally hieß. Es klingt an dieser Stelle einfach schön, okay?«

So schön, daß es das ZDF später als Abspannmelodie für seine Übertragungen von der Fußballeuropameisterschaft benutzte, trotz mindestens drei miteinander konkurrierender offizieller EM-Hits. In England schreiben die Jungs mit »Don't Look Back In Anger« ebenfalls ein kleines Kapitel Fernsehgeschichte: In einer Anfang März ausgestrahlten »Top Of The Pops«-Show durften Oasis als erste Band in der Geschichte der Sendung mit gleich zwei Songs auftreten. So reichten sie dem Hit »Don't Look Back In Anger« noch ein bei Live-Konzerten seit langem bewährtes Remake des alten Slade-Knallers »Cum On Fell The Noize« nach. Und eine Fußnote gibt es auch noch: Da es die 100. Sendung des Produzenten Ric Blaxhill war, erlaubte sich dieser einen Auftritt mit seiner eigenen Band – und spielte »Roll With It«.

Pop Is Coming Home

In den Tagen, da dieses Buch geschrieben wird, scheinen Oasis auf ihrem Weg zu globalem Superstar-Ruhm nicht mehr aufzuhalten zu sein. Und längst ist die Frage nicht mehr die nach Blur oder Oasis, sondern: werden Oasis so groß wie die Beatles? Die Single »Wonderwall« schaffte es immerhin bis auf Rang drei der amerikanischen Charts und drang von den weltweiten Verkaufszahlen her in Regionen vor, die seit den seligen Tagen von The Police keine englische Band mehr gesehen hat. Und auch Mätzchen wie der von Noel wegen angeblich zu großer Kälte erzwungene Abbruch eines als »Snoasis« betitelten Open-air im amerikanischen Snowboarder-Mecca Vernon Valley Gorge können die Millionenverkäufe von »(What's The Story) Morning Glory« in den USA nicht mehr schmälern. Im Gegenteil eröffneten jüngst sogar die Nachrichten von Channel 4 mit Oasis und »der ersten englischen Band seit Menschengedenken, die den Durchbruch in Amerika geschafft hat«.

In England übertreffen Oasis am 26. und 27. April 1996 erwartungsgemäß ihre Rekord-Shows im Londoner Earl's Court und locken zweimal 40.000 Menschen ins Stadion an der Maine Road in ihrer Heimatstadt. Ganz Manchester verwandelt sich an diesem Wochenende in ein Volksfest. Pop kehrt endlich heim, und alle sind mit der Welt im reinen: Die verlorene Generation der Stone-Roses-Fans, die dank Oasis anscheinend wieder etwas gefunden hat, woran sie glauben kann im Rock'n'Roll, ebenso wie die Schar der Jüngeren, die den Glauben an den Rock'n'Roll gerade erst entdecken.

Der junge Internet-Surfer Keith Topping schickt hinterher den denkwürdigen Satz um die Welt: »Es gibt zur Zeit viele gute Bands, doch keine ist so sehr ›unsere‹ Band wie Oasis. Laßt sie uns hegen und pflegen, denn sie werden nicht für immer hier sein.« Er soll als Warnung und Aufforderung für alle stehen. Denn spektakuläre Großkonzerte in Manchester sind prinzipiell verdächtig – und hin und wieder für lange Zeit das letzte, was es an Erfreulichem aus England zu berichten gibt.

Ch. S., München, im Juni 1996

Die Zitate stammen, soweit nicht anders
gekennzeichnet, aus eigenen Quellen
sowie aus den Magazinen The Face, Melody Maker,
New Musical Express, Q, Rolling Stone (US),
Select, Sky, Spin und Vox.

Discographie

1. Alben

Definitely Maybe, *August 1994*
CD: Creation CRE CD 169
LP: Creation CRE LP 169 (2-LP mit dem Zusatztrack »Sad Song«)

1. Rock'n'Roll Star
2. Shakermaker
3. Live Forever
4. Up In The Sky
5. Columbia
6. Supersonic
7. Bring It On Down
8. Cigarettes & Alcohol
9. Digsy's Diner
10. Slide Away
11. Married With Children

(What's The Story) Morning Glory, *Oktober 1995*
CD: Creation CRE CD 189
LP: Creation CRE LP 189 (2-LP mit dem Zusatztrack »Bonehead's Bank Holiday«)

1. Hello
2. Roll With It
3. Wonderwall
4. Don't Look Back In Anger
5. Hey Now
6. The Swamp Song
7. Some Might Say

8. Cast No Shadow

9. She's Electric

10. Morning Glory

11. The Swamp Song

12. Champagne Supernova

2. Singles

(Jede Single ist auch als 12-Inch-Maxi erschienen, wobei jeweils der letzte auf den CD-Singles enthaltene Track fehlt. Die Bestellnummern unterscheiden sich lediglich durch ein angehängtes T.)

Supersonic/Take Me Away/I Will Believe/Columbia (White Label Demo), April 1994
Creation CRESCD 176

Shakermaker/D'Yer Wanna Be A Spaceman/Alive/ Bring It On Down (Live), Juni 1994
Creation CRESCD 182

Live Forever/Up In the Sky (Acoustic)/Cloudburst/ Supersonic (Live), August 1994
Creation CRESCD 185

Cigarettes & Alcohol/I'm The Walrus (Live)/ Listen Up/Fade Away, Oktober 1994
Creation CRESCD 190

Whatever/(It's Good) To Be Free/Half The World Away/ Slide Away, Dezember 1994
Creation CRESCD 195

Some Might Say/Talk Tonight/Aquiesce/
Headshrinker, April 1995
Creation CRESCD 204

Roll With It/It's Better People/Rockin' Chair/
Live Forever (Live at Glastonbury '95), August 1995
Creation CRESCD 212

Wonderwall/Round Are Way/The Swamp Song/
The Masterplan, Oktober 1995
Creation CRESCD 215

Don't Look Back In Anger/Step Out/Underneath The
Sky/Cum On Feel The Noize, Februar 1996
Creation CRESCD 221

3. Compilations

Help! *Oktober 1995*
Go! Discs 828682-1
Der All-Star-Sampler zugunsten der Bosnien-Hilfe
enthält eine eigens eingespielte Version von »Fade
Away« mit Johnny Depp an der Rhythmus-Gitarre und
das Beatles-Remake »Come Together« des als Smokin'
Mojo Filters firmierenden Trios Paul McCartney, Paul
Weller und Noel Gallagher.

Wibbling Rivalry, *Oktober 1995*
Fierce Panda NING 12
Ein auf CD gepreßter Mitschnitt eines Interviews der
Gallaghers für den *New Musical Express,* in dessen Ver-
lauf die Brüder mehrmals nur durch das beherzte Ein-

greifen des Reporters von einem Faustkampf abgehalten werden können, einander ansonsten »Dickhead« nennen und darüber streiten, was eine gute Rock'n'Roll Band ausmacht.

Play With Oasis, *November 1995*
  Wise Publications
  Ein Handbuch mit den Texten und Originalgitarrengriffen von sieben Oasis-Songs. Beachtenswert ist dabei vor allem die beigelegte CD, die das komplette Backing der Songs ohne Lead-Stimme enthält: eingespielt zwar nicht von den Lads selber, dafür mit fast eigenwillig sterilem, gelegentlich in Easy-listening-Regionen abdriftendem Studiocharme. Nie war Karaoke schöner.

4. Bootlegs

Es kursieren zwischen 60 und 80 Bootlegs von Live-Auftritten, die hier natürlich nicht im einzelnen aufgeführt und nach ihrer Qualität beurteilt werden können – mit etwas Finderglück dürfte man wohl von jedem Gig, auf dem man war, einen Mitschnitt bekommen. Zumindest dokumentarischen Charakter haben die beiden Glastonbury-Auftritte, die *Undrugged*-Show in der Royal Albert Hall und die Earl's-Court-Konzerte, von denen zahlreiche Mitschnitte angeboten werden. Zu empfehlen sind die Bootleg-CDs »Definitive«, eine liebevoll editierte und unbedingt HiFi-taugliche Live-Compilation; »A Year in The Live« mit einer mitreißenden Version von »Supersonic«, aufgenommen 1994 auf dem New Music Seminar in New York; »The Acoustic Session« mit dem Auftritt in der TV-Show »The White Room«; und »Wired and Inspired« mit dem kompletten 95er Glastonbury-Gig.

Unveröffentlichtes Studio-Material ist um einiges schwieriger zu finden. Die weit verbreitete CD »Working Class Hero – The God-like Genius Of Noel Gallagher« gibt zwar Solo-Demos von Noel als Inhalt vor, besteht aber im wesentlichen aus Mitschnitten einiger spontaner Radiovorträge des Oasis-Chefs. Weitaus lohnenswerter, aber leider kaum zu bezahlen ist die CD »Rags to Riches« mit dem kompletten Material der weithin verschollenen ersten Demo-Kassette und einem bislang unveröffentlichten Song namens »Strange Thing«. Zugreifen heißt es bei einer Kassette, die in England die Runde macht und die von Liam (!) geschriebene Nummer »Take Me« enthält, ebenso bei der »Whatever«-Version mit der Original-Zeile »All you young blues«. Whatever that heute kostet: In ein paar Jahren kann man damit ein Vermögen machen.